BIBLIOTHÈQUE
RELIGIEUSE, MORALE, LITTÉRAIRE,

POUR L'ENFANCE ET LA JEUNESSE,

PUBLIÉE AVEC APPROBATION

DE Mᵍʳ L'ARCHEVÊQUE DE BORDEAUX.

FASTES
MILITAIRES

ET

FAITS MÉMORABLES

DE

L'HISTOIRE DE FRANCE

PAR P. D.

NOUVELLE ÉDITION.

LIMOGES

Eugène ARDANT et C. THIBAUT,

Imprimeurs - Libraires - Éditeurs.

1867

FASTES MILITAIRES

ET

FAITS MEMORABLES.

Attila vaincu par Mérovée.

452.

Assassin de Bléda, son frère, et usurpateur de l'empire des Huns, Attila avait triomphé de tout l'Orient, et humilié l'orgueil de trois empereurs. Trente nations soumises, six cents villes saccagées, rendaient témoignage à sa férocité non moins qu'à sa valeur, lorsqu'il descendit dans les Gaules, où le puissant royaume des Francs florissait alors sous les lois de Mérovée. Trèves, Metz, Reims, Auxerre, sont déjà tombées sous les coups de sept cent mille barbares que le monarque des Huns entraîne à sa suite. Paris, qui l'a vu paraître sous ses remparts, ne doit son salut qu'à un bonheur inespéré.

Cependant, appelés par le romain Aëtius à la défense de la Gaule, Mérovée, roi des Francs, Théodoric, roi des Visigoths, et une multitude d'autres souverains, ont réuni leurs bannières. Tous ensemble ils s'avancent vers Orléans, assiégé par Attila, et l'obligent à en lever le siége. Peu contents de ce premier succès, ils poursuivent leur ennemi sur les bords de la Marne. C'est là qu'une terrible bataille se livre entre les dévastateurs de la Gaule et ses défenseurs. Théodoric y perd la vie ; mais le roi des Francs, l'intrépide Mérovée, y couvre d'une gloire immortelle le berceau de notre monarchie, et, par l'entière défaite des Huns, il la conserve aux brillantes destinées que lui réservait l'avenir.

Clovis vainqueur à Tolbiac.

496.

Déjà illustre par la victoire que près de Soissons il avait emportée sur les Romains, Clovis reçut sous sa domination plusieurs tribus qui la subirent volontairement, parce qu'elle était seule capable de les protéger. Si ce prince n'eût encore été livré aux erreurs du paganisme, le reste de la Gaule, qui était chrétienne, se serait empressé de reconnaître ses lois. Cet obstacle ne tarda point à s'aplanir.

Abandonnant les bords du Danube, les Allemands s'avancèrent au pied du Jura et vers le lac de Genève, d'où ils ravageaient nos frontières. Clovis marche à leur rencontre et en vient aux mains avec eux dans les plaines de Tolbiac. Mais, quelle que soit la valeur de ses troupes, il les voit repoussées à plusieurs reprises, attaquées à leur tour par leurs adversaires, et sur le point d'être mises en déroute. Dans un si pressant danger, Clovis se souvient du Dieu de Clotilde, son épouse, qui tant de fois voulut le lui faire adorer, et, levant les yeux au ciel : « Dieu de » Clotilde, s'écrie-t-il, rends-moi vainqueur, et je n'ado- » rerai que toi. » Il dit, et s'élance sur les Allemands avec un nouveau courage ; ses soldats, que son exemple ranime, se précipitent sur ses traces, et à l'imitation du monarque, font céder à leur valeur celle des ennemis. C'en est fait ! les enfants de la Germanie ont disparu devant nos légions, et Clovis triomphant, qu'accompagnent ses deux sœurs et

trois mille de ses sujets, acquitte au pied des autels de
Reims le prix de son étonnante victoire.

Sa fidélité à remplir ses promesses lui vaudra par la
suite de nouveaux succès. Vouillé le verra arracher la vie
à Alaric, et tailler en pièces ses soldats. Il fixera à Paris
le siége de son glorieux empire, et jettera les fondements
du plus noble et du plus beau royaume de l'univers.

Exploits de Pépin.

751—768.

Tige de la seconde dynastie de nos rois, Pépin, en mon-
tant sur le trône pour lequel il n'était pas né, légitima son
usurpation, autant qu'elle pouvait l'être, par des hauts
faits qui auraient brillé d'un incomparable éclat, s'ils ne
se fussent trouvés entre ceux de Charles-Martel et les victoires de Charlemagne. Toutefois, à une époque où la force
du corps et l'avantage d'une haute stature décidaient du
sort des batailles, la petite taille de Pépin paraissant annoncer peu de vigueur, ne pouvait concilier au nouveau
monarque le respect de ses altiers vassaux. Pépin s'en
aperçut, et prit la résolution de dompter leurs orgueilleux
dédains.

Quelque temps après son couronnement, il réunit les
seigneurs de sa cour à l'abbaye de Ferrière en Gâtinais, et
leur donna le divertissement d'un combat de bêtes féroces.
Un lion et un taureau étaient les principaux athlètes qui
se disputaient l'honneur de ces jeux barbares. Au moment
que ces deux formidables adversaires s'acharnaient l'un
contre l'autre avec plus de fureur : « Qui de vous, dit
Pépin aux seigneurs qui l'environnaient, qui de vous se
sent assez de courage pour aller séparer les deux combattants ? » Nul n'ayant osé se charger d'une telle entreprise,
le monarque franchit d'un saut la barrière ; il coupe la
tête du lion, abat celle du taureau, et, se tournant ensuite

vers ses courtisans : « Pépin-le-Bref vous semble-t-il digne de vous commander? » Plongée dans le silence de la surprise, toute la cour ne put qu'admirer la force et l'intrépidité de son souverain. « David était petit, ajouta ce monarque; mais son bras terrassa le géant qui avait osé le mépriser. »

Cette preuve de vigueur eût été sans doute d'un avantage momentané, mais n'eût point suffi pour tenir en bride des esprits aussi remuants que ceux des seigneurs français de cette époque. Pépin le sentit, et ne manqua pas d'y ajouter les témoignages d'une valeur plus utile et d'une adresse bien sépérieure. C'est en vain que, dans l'intérieur de ses états, Griffon, son frère, Gaïffre, duc d'Aquitaine, tentent contre lui des efforts d'autant plus redoutables qu'ils sont secondés par les Sarrasins, qui dévastent le Languedoc, et les Saxons, qui viennent porter le ravage sur la rive gauche du Rhin. Mais le monarque français fait face en même temps à tous ses ennemis. Griffon est surpris et tné dans la vallée de Maurienne; les Saxons et les Sarrasins sont réprimés; enfin Gaïffre, vaincu trois fois, compte inutilement, pour le succès de sa dernière révolte, sur la défection du duc de Bavière Tassillon, qui, à la sollicitation du roi des Lombards, s'était retiré dans ses états, et y avait épousé Luitberge, fille de ce souverain. Pépin n'eut qu'à paraître pour faire rentrer Tassillon dans le devoir; et, repassant ensuite la Loire, il fondit de nouveau sur Gaïffre, l'obligea de se retirer dans les montagnes, le vainquit en bataille rangée, et ne lui laissa d'autre ressource que de traîner de caverne en caverne une vie misérable, dont le dépouillèrent le peu de soldats compagnons jusqu'alors fidèles de sa fuite et de ses malheurs. Astolphe et Didier, qui régnèrent successivement sur la Lombardie, n'éprouvèrent pas moins que Gaïffre, les Saxons et les Sarrasins, la vaillance et le bonheur du père de Charlemagne. Battus toutes les fois qu'ils osèrent lever contre lui leurs drapeaux ou enfreindre ses volontés, ils sont réduits à ne régner qu'autant que sa générosité

veut bien le leur permettre ; et, contents de l'ombre d'autorité dont il les laisse entourer sur le trône, ces deux
princes voient, sans oser s'en plaindre, une partie de leurs
états passer, à la voix de Pépin, sous les lois du souverain
pontife, et servir de premier fondement à la puissance
temporelle du Saint-Siége.

Exploits de Charlemagne contre les Saxons et les Lombards.

772—774.

A peine Charlemagne avait-il réuni sous son autorité
les états de Carloman son frère, qu'il eut à soutenir deux
guerres terribles, l'une contre les Saxons, l'autre contre les
Lombards. Se fiant au nombre et au courage de ses armées,
et croyant facile d'accabler un roi de vingt-neuf ans qui
n'avait pas eu le loisir de s'affermir sur un trône nouvel-
lement acquis à sa famille, la première de ces deux belli-
queuses nations s'élance sur le territoire de la France
germanique, et s'y livre aux plus désastreuses hostilités.
A cette nouvelle, Charlemagne assemble à Worms un parlement ; la guerre contre les Saxons y est résolue, et le
jeune monarque entre aussitôt sur leurs terres à la tête de
ses troupes. Les deux armées ennemies en vinrent bientôt
aux mains. Cette bataille fut appelée la *bataille du torrent*,
parce que les Français, consumés par une soif ardente,
étaient au moment de plier, quand ils aperçurent un torrent jusqu'alors à sec, et dont les eaux, jaillissant inopi-
nément, servirent à les désaltérer. Après une longue et
sanglante résistance, les Saxons furent vaincus et mis en
déroute. Charlemagne resta maître du champ de bataille ;
et, peu de jours après, il s'empara d'Eresbourg, la meilleure place des ennemis. C'est là qu'était le temple
d'Irmensul, la principale divinité des Saxons. Le monarque français fit démolir le temple, briser l'idole, et incen-
dier la ville, d'où l'on avait enlevé d'immenses richesses.

Comme le vainqueur se préparait à franchir le Weser, afin de poursuivre ses ennemis effrayés, ceux-ci lui envoyèrent une ambassade pour solliciter la paix. Charlemagne la leur accorda, et reçut d'eux douze ôtages pour garants de leur soumission.

Il était temps que le monarque français mît un terme aux périls de cette expédition par une paix glorieuse. Ses ennemis les plus acharnés, retirés en Lombardie, s'y disposaient à lui faire la guerre la plus implacable. Roi de cette contrée, Didier avait donné asile non-seulement à la veuve et au fils de Carloman, mais encore à Hunaud, duc d'Aquitaine, et à une infinité d'autres seigneurs français, tous ennemis mortels du roi de France. Didier ne borna pas là l'effet de son ressentiment : il envahit les terres de l'Eglise, vint mettre le siége devant Rome, et somma le pape Adrien de sacrer rois d'Austrasie les deux fils de Carloman. Loin d'accéder à cette demande, le souverain pontife s'y refusa absolument, et appela à son secours les armes victorieuses des Français. Charlemagne, en qui l'amour et l'appât des triomphes n'étouffait point le cri de l'humanité, ne se décide à la guerre qu'après avoir perdu toute espérance d'accommodement. Il va jusqu'à proposer au prince lombard une somme de quatorze sous d'or pour le déterminer à restituer à l'Eglise toutes les villes qu'il lui avait enlevées. Didier, croyant inspirer de la crainte, rejette dédaigneusement ces offres avantageuses. Alors Charlemagne se met en campagne, passe les Alpes par les défilés qu'on regardait comme les plus impraticables, en débusque les soldats qui s'y étaient postés, force Didier à lever le siége de Rome pour se réfugier à Pavie, et y parvient presque en même temps que son adversaire. Il ne tarde pas à s'apercevoir que les fortifications de cette place et les approvisionnements dont on l'a munie ne permettent point de s'en emparer par surprise, il se borne donc à la faire bloquer par ses lieutenants, et marche contre Vérone, où Adalgise, fils de Didier, s'était enfermé avec la veuve et les fils de Carloman. La présence du vainqueur des Saxons jeta tant de terreur dans l'âme de ses ennemis, qu'Adalgise profita de la nuit pour s'embarquer et faire voile vers Constantinople. Vérone ne prolongea pas plus longtemps une inutile résistance; elle se rendit aux Français et leur livra la veuve et les fils du roi d'Austrasie.

Cependant Pavie tenait toujours, et Charlemagne, au lieu de perdre un temps précieux sous les remparts de cette place, s'empara de toutes les autres villes de la Lombardie. Après ces conquêtes, il alla célébrer la fête de Pâques dans la capitale du monde chrétien, et y fut reçu moins en pèlerin qu'en triomphateur. Il confirma toutes les donations faites au Saint-Siége par son père, et il y ajouta le duché de Spolette. De là il retourna à Pavie, où la disette commençait à se faire sentir avec tant d'ardeur, que le courage des assiégés ne tarda point à s'abattre. L'ancien duc d'Aquitaine, Hunaud, que les Lombards regardaient comme la cause première de cette guerre et de leurs malheurs, fut assommé par les femmes. Alors Didier, redoutant d'éprouver le même sort, se remit avec sa femme et sa fille au pouvoir du conquérant de ses états. Ce fut ainsi que sous les coups de Charlemagne tomba, en 774, le royaume des Lombards, après avoir subsisté durant deux cent six années.

Nouveaux exploits de Charlemagne en Italie.

776—787.

En mettant un terme à l'empire des Lombards, Charlemagne n'en avait pu imposer aux prétentions d'Adalgise, fils du dernier roi de cette nation. Ce jeune prince s'était retiré à Constantinople, et mettait tout en œuvre pour armer contre le vainqueur de son père l'empereur Léon Porphyrogénète. Ce dernier souverain, d'abord indécis sur le parti qu'il prendrait, se résolut enfin à seconder les vues du prince lombard, quand il vit les ducs de Frioul, de Spolette, de Bénévent le comte de la Marche Trévisane et plusieurs autres seigneurs italiens se liguer dans le même but. Cette vaste coalition allait attaquer à la fois et à l'improviste le monarque français, lorsque le pape la découvrit et l'en prévint. Aussitôt, du fond de la Saxe où il était alors, Charlemagne part avec ses troupes pour l'Italie. La rigueur de l'hiver ne l'empêche pas d'y arriver en peu de temps. Il se jette avec impétuosité sur les états du duc de Frioul, remporte sur lui une éclatante victoire, le fait prisonnier et lui fait trancher la tête. La rapidité de ses succès et la sévérité de ce châtiment imposèrent au reste des rebelles qui rentrèrent soudain dans le devoir. Mais ils n'y persévérèrent que jusqu'en 786. Alors Archise, duc de Bénévent, et beau-frère d'Adalgise, se mit à la tête de la confédération. Comptant sur l'appui de Tassillon, duc de Bavière, qui avait épousé, comme lui, une fille de Didier, et se fiant aux secours promis par la cour de Constantinople, il machina une guerre générale contre la France. Charlemagne ne lui donna pas le temps de réaliser ses coupables espérances : il s'avance vers Bénévent, en soumettant tout sur son passage. Vainement, pour conjurer l'orage, le duc envoie-t-il au-devant du vainqueur son fils aîné Romuald; Charlemagne retient ce prince auprès de lui, continue sa marche, et la presse avec tant de rapidité, qu'il empêche Archise de se réfugier à Salerne, où il aurait pu s'embarquer. Craignant alors pour ce feudataire le sort qu'avait éprouvé le duc de Frioul, les seigneurs italiens redoublèrent d'instances auprès du roi de France, qui daigna donner la paix au rebelle, en se contentant de garder en ôtage le plus jeune de ses fils, et d'adjuger au Saint-Siége toutes les places qu'il a conquises.

Succès de Charlemagne contre les Sarrasins.

778—807.

Non moins que les Saxons et les Lombards, les Sarrasins prouvèrent la valeur de Charlemagne. Ce monarque.

tenant son parlement à Paderborn, vit Ibinalarabi, roi de
Saragosse, suivi de plusieurs autres princes voisins, implorer son secours contre Abdérame, le plus puissant des
princes musulmans qui occupaient la Péninsule. L'espoir
de se rendre utile aux malheureux chrétiens qui gémis-
saient sous les lois mahométanes décida le vainqueur des
Saxons à céder aux instances des suppliants. Il se mit en
campagne l'an 778, et pendant qu'une de ses armées pénétrait par le Roussillon et s'emparait de Barcelone, il en
conduisait une autre par la Navarre, et se rendait maître
de Pampelune. La Navarre, l'Aragon, la Catalogne, reçurent ses lois. Il rétablit sur leur trône Ibinalarabi et tous
les rois qui avaient sollicité son assistance; il les soumit
au tribut, et affranchit de toute redevance les Espagnols
qui vivaient sous leur domination.

Vingt ans après cette expédition, l'émir Zara, qui avait
conquis Barcelone, vint à Aix-la-Chapelle pour faire
hommage à Charlemagne de ses nouveaux états. Le monarque français apprit de lui que la désunion régnait parmi
les souverains mahométans; il en profita pour y envoyer
Louis, roi d'Aquitaine, qui soumit à son père la plupart
de ces princes, et les obligea de se déclarer feudataires de
la France.

En 805, Charlemagne arma Pépin son fils, roi de Lombardie, contre les Sarrasins qui infectaient la Méditerranée.
Ce jeune monarque les chassa des îles de Corse et de Sar-
daigne, les repoussa chaque fois qu'ils cherchèrent à s'en
emparer, et remporta sur eux une victoire navale, où il
détruisit la plus grande partie de leur marine. Pendant ce
temps le roi d'Aquitaine remportait en Espagne de grands
avantages contre ces mêmes peuples. Tous les forts qui
protégeaient Tortose furent incendiés, et Pampelune fut
emportée. En 806, une nouvelle armée française s'avança
dans la même contrée, sous les ordres du vaillant Ingobert.
Ce lieutenant du roi de France franchit l'Ebre, tailla en
pièces les ennemis, pilla leur camp et ramena ses troupes
chargées d'un butin immense. En 807, Tortose fut attaquée

et enlevée par Louis, roi d'Aquitaine. Tant de succès furent couronnés par un traité de paix qui soumit à la France la Navarre tout entière, et le pays qui s'étend jusqu'aux rives de l'Ebre.

Bien que ces avantages n'aient pas été remportés par Charlemagne en personne, nous n'avons cependant pas cru devoir lui en refuser l'honneur, puisqu'ils furent les résultats des plans de campagne qu'il avait conçus, et des ordres qu'il avait prescrits.

Charlemagne empereur.

800.

Trois cent vingt-quatre ans s'étaient écoulés depuis que, tombant sous les Hérules, l'empire d'Occident s'était vu déchirer par la multitude des peuples barbares qui étaient accourus pour s'entre-arracher ses lambeaux. Dès lors, aucune nation n'avait été assez puissante, aucun roi ne s'était assez élevé au-dessus de son peuple et des monarques rivaux, pour ressusciter cette magique puissance qui, durant tant de siècles, avait fait les destinées de l'univers. A Charlemagne était réservé cet honneur. Maître de la Germanie, de la France, d'une partie de l'Espagne et de presque toute l'Italie, il soumettait à ses lois l'Occident tout entier, et l'Orient n'avait point d'empire qui ne redoutât le pouvoir et n'ambitionnât comme une faveur l'alliance du vainqueur des Saxons. Ce fut dans ces conjonctures que, cédant aux désirs des Romains, Charlemagne consentit à se montrer revêtu de l'habit de patrice, et à célébrer dans cet appareil les fêtes de Noël. A son entrée dans l'église de Saint-Pierre, il fut accueilli par des transports de joie ; et, pendant qu'il priait prosterné devant l'autel, le pape Léon III s'approcha de lui et le couronna. Tout le peuple prenant alors la parole : « *Vive*, s'écria-t-il, *vive Charles, toujours auguste, grand et pacifique empereur des Romains, couronné par la main de Dieu !* »

Amour de Charlemagne pour la justice.

Les Chinois se glorifient d'avoir eu un empereur qui, toujours prêt à distribuer la justice, accordait à tous ses sujets un facile accès auprès de lui ; la France peut rendre le même témoignage à Charlemagne. Ce grand prince ne se bornait pas à donner audience en quelque instant du jour qu'on se présentât, il voulait être encore éveillé à toutes les heures de la nuit, pour répondre à tous ceux qui venaient implorer ou ses conseils ou son pouvoir. Si les affaires portées au tribunal du comte du palais n'avaient pu être achevées dans la journée, l'empereur se levait de meilleure heure que de coutume, et les expédiait lui-même. Le temps où il s'habillait n'était point perdu pour les intérêts publics ; il l'employait à entendre les parties dans leurs moyens de défense. Enfin, on ne le vit jamais remettre à un autre moment l'affaire du moindre de ses sujets, et il se faisait un devoir de l'expédier sur-le-champ.

Charlemagne père des lettres.

Ce fut à Charlemagne que la France dut de voir se dissiper momentanément l'ignorance qui avait pesé sur elle durant le règne des Mérovingiens. Ce monarque établit dans les villes de petites écoles où l'on enseignait la lecture et l'écriture ; dans les cathédrales et les monastères, de grandes écoles où l'on professait l'arithmétique, le chant de l'église, et la grammaire ; dans son palais, une académie où l'on traitait de la dialectique, de la rhétorique, de l'astronomie. Parmi les savants que, de toutes les parties de l'Europe, il avait auprès de lui, l'on remarquait Alcuin, qui était né en Angleterre; Théodulfe, originaire de Lombardie; Pierre, surnommé Pisan, à cause de Pise, sa patrie; Fortunatus, archevêque de Trèves, et le savant Eginard. Non content de les admettre dans sa familiarité, il les comblait de faveurs, et leur confiait les charges et les missions les plus importantes. Alcuin fut nommé gouverneur de l'académie impériale. Théodulfe était évêque d'Orléans et abbé de Saint-Benoît sur Loire; Fortunatus fut envoyé comme ambassadeur à Michel Curopalate, empereur d'Orient; Eginard fut secrétaire du monarque, chancelier de l'empire, et inspecteur des bâtiments.

Ce n'était pas seulement dans l'âge mûr que Charlemagne encourageait la science, il l'encourageait encore chez la jeunesse. Il avait fondé un collège où les enfants de la noblesse et ceux du peuple étaient élevés en commun : s'étant aperçu que ceux-ci faisaient le plus de progrès, il les combla d'éloges, et leur promit de leur accorder de préférence les charges et les dignités. Se tournant ensuite vers les enfants des nobles : « Sans doute, leur dit-il, vous comptez sur le mérite de vos ancêtres, mais ils ont reçu leur récompense; et le gouvernement ne doit et ne réserve ses bienfaits qu'à ceux qui remplissent ses vues, et qui, par leurs études et leur instruction, se rendent capables de l'honorer et de le servir. »

Enfin, ce grand monarque voulut, à la puissance de ses ordres, joindre la force de ses exemples, et il pensa que le meilleur moyen de faire cultiver les lettres, c'était de les cultiver lui-même. Bon grammairien, habile rhéteur, subtil dialecticien, il était versé dans le grec ainsi que dans les langues vivantes et étrangères; il parlait le latin et composait dans cette langue des vers estimés de son temps. La médecine, la physique et l'astronomie ne lui étaient pas non plus étrangères, et il connaissait assez bien l'architecture pour qu'on lui ait attribué les plans d'après lesquels fut construite la superbe basilique d'Aix.

Clémence de Louis-le-Débonnaire.

830—840.

Comme César et un petit nombre d'autres grands hommes, Louis-le-Débonnaire poussa si loin la clémence, qu'il fut souvent réduit à s'en repentir. Durant un règne long et orageux, où il fut continuellement en butte aux révoltes de ses enfants et de ses sujets, il ne chercha à les en punir que par le pardon le plus magnanime; et, quelle que fût l'ingratitude dont ils payèrent sa clémence, ils ne purent réussir à l'en corriger. Toutefois, quel plus juste ressentiment que les outrages multipliés et les indignités sans nombre dont l'audace des rebelles osa flétrir sa paternelle puissance et la majesté impériale! Avoir à repousser dans l'espace de dix ans quatre révoltes consécutives; être arraché deux fois à son épouse et à son plus jeune fils; voir l'impératrice confinée tantôt au couvent de Sainte-Radegonde à Poitiers, tantôt à Tortone, en Italie; et Charles, le dernier de ses enfants, relégué à l'abbaye de Prum, dans la forêt des Ardennes; gémir à ses derniers moment sur une rébellion nouvelle, et dont l'opiniâtreté ne put être vaincue par le pardon le plus généreux; voilà ce qui fit le malheur de Louis-le-Débonnaire, et ce qui lui assura le premier rang parmi les martyrs de la clémence et de la magnanimité.

Louis III vainqueur des Normands.

881.

De tous les ennemis qu'avait eus à combattre la France, nul, depuis le commencement de la monarchie, n'avait été plus formidable que les Normands. Ces peuples, aussi in-

nombrables qu'audacieux, avaient commencé dès le règne
de Charlemagne le cours do leurs ravages, et les avaient
prolongés presque sans interruption jusqu'au règne de
Louis III. La difficulté que le fondateur du second empire
d'Occident avait trouvée à dérober à leur rapacité les plus
belles provinces de ses vastes états, n'avait fait compren-
dre que trop clairement combien, après sa mort, la France
aurait à redouter leurs brigandages. L'expérience justifia
ses craintes. Sous le règne de Louis-le-Débonnaire, ces
barbares brûlèrent Angers; en 842, ils remontèrent la
Seine, ils surprirent et saccagèrent Rouen; ils arrivèrent
par la Loire jusqu'à Nantes qu'ils mirent au pillage; ils
ravagèrent l'Anjou, la Touraine, la Guyenne. En 844,
Eric, un de leurs rois, couvre la mer de vaisseaux, sur-
prend Hambourg, remplit l'Allemagne de carnage et d'hor-
reurs, gagne deux grandes batailles, et rentre dans ses
états chargé d'un immense butin. L'année suivante, il
envoie en France un de ses lieutenants, nommé Régnier.
Ce général remonte la Seine avec cent vingt bateaux,
pille pour la seconde fois la ville de Rouen, et fait subir le
même sort à Paris, tandis que Charles-le-Chauve, retran-
ché à Saint-Denis, pour en défendre les reliques, n'osait
hasarder la bataille. Ce monarque ne put congédier qu'à
prix d'argent un si redoutable adversaire. Mais loin d'affranchir ses états par ce honteux traité, il ne fit que pro-
voquer des irruptions qui se renouvelèrent tous les ans.
Bordeaux, Gand, Nantes, Tours, Angers, Saint-Valery,
Amiens, Noyon, Beauvais, furent successivement, et à
diverses reprises, le théâtre d'une fureur que rien n'était
susceptible d'assouvir. Bientôt les Normands se canton-
nèrent dans l'île d'Oisel, sur la Seine, d'où ils couraient
impunément jusqu'au centre de la Neustrie. Ce ne fut
qu'avec l'aide de leurs compagnons que Charles-le-Chauve
les en chassa en 861. Cet échec n'en débarrassa point le
royaume. En 864, ils se répandirent sur les bords de la
Loire, et livrèrent Orléans et Poitiers au pillage et aux
flammes; une autre armée de ces barbares forçait pendant

ce temps le passage de Piste, sur la Seine, remontait jusqu'à Melun, et y taillait en pièces un corps de Français destinés à l'arrêter. Effrayé de leurs progrès, le roi achète encore la paix au prix de quatre mille livres d'argent, et leur compte en outre une certaine somme pour chacun de leurs compagnons que les paysans ont massacrés. La ville du Mans, surprise par un détachement de ces barbares, fut mise par eux au pillage. Robert-le-Fort, comte d'Anjou et bisaïeul de Hugues Capet, les poursuivit jusque dans leurs retranchements ; et, au moment qu'il allait les forcer, il fut tué d'un coup de flèche à la porte d'une église. Une si vigoureuse agression les contraignit à remonter sur leurs vaisseaux. En 865, ils firent une nouvelle incursion dans l'Anjou. Charles II, aidé de Salomon, duc de Bretagne, vint en 867 les bloquer dans Angers, où ils avaient jeté leurs meilleures troupes. Le siége fut long et meurtrier. Pour leur ôter tout moyen de fuir, on entreprit de détourner la Mayenne, où étaient tous leurs vaisseaux. Les Normands, afin de prévenir un si grand malheur, demandèrent à capituler. On eut l'imprudence d'y consentir, et on leur céda une île de la Loire jusqu'au mois de février de l'année suivante. Ils refusèrent alors d'évacuer ce poste important ; on ne put les y forcer, et ils recommencèrent leurs courses désastreuses. Ils continuèrent sous le règne de Louis-le-Bègue, et s'y livrèrent avec plus de fureur encore sous celui de Louis III. A cette dernière époque, ils se rendirent maîtres de Gand, et en firent leur quartier-général ; ils surprirent Tournai qu'ils mirent à feu et à sang ; ils s'emparèrent de Courtrai, qu'ils fortifièrent ; ils forcèrent Saint-Omer et le réduisirent en cendres ; tout le pays jusqu'à la Somme fut ravagé ; ils prirent Cambrai, Saint-Riquier, Saint-Valery, Amiens, Corbie, Arras, ils les pillèrent et en massacrèrent tous les habitants.

Tels étaient les ennemis contre lesquels Louis III avait à défendre son royaume. Instruit de leurs horribles succès, ce monarque, occupé alors à faire le siége de Vienne, en laisse la conduite à son frère Carloman, et il marche contre les barbares, qu'il joint à Saucour, dans le Ponthieu. Le combat fut sanglant; mais enfin la victoire se déclara pour Louis III. Neuf mille Normands demeurèrent sur la place, et avec eux Guaramond leur commandant.

Eudes vainqueur des Normands.

888.

Après que Charles-le-Gros, victime de son incapacité, eut été précipité du trône, la plupart des seigneurs français, ravis du courage qu'avait fait éclater Eudes, comte de Paris, lui déférèrent la couronne. Ce monarque, fils de Robert-le-Fort, se montra soigneux de marcher sur les traces d'un si valeureux père. Avant son élévation à la puissance souveraine, il avait victorieusement défendu Paris contre les Normands, et ces féroces enfants du Nord s'étaient vus réduits à imposer silence à leur brutale avidité en présence du courageux Eudes. Parvenu au trône, cet intrépide guerrier ne dégénéra point de lui-même, et ses premiers efforts tendirent à affranchir le royaume de tous les fléaux que les Normands y avaient apportés. Il les joignit à la forêt de Montfaucon. Quoiqu'il n'eût que mille chevaux, et que l'armée ennemie fût forte de dix-neuf mille hommes, Eudes fondit sur elle et poussa fort avant dans la mêlée. Un cavalier normand lui donna un si furieux coup de hache sur la tête, qu'il ne dut sa conservation qu'à la bonté de son armure. Le prince en même temps se retourne vers le barbare et le perce de son épée. Rien ne résiste à ses efforts, il enfonce, il rompt, il dissipe cette prodigieuse multitude, et demeure maître du champ de bataille.

Clémence de Robert-le-Pieux.

1030.

On rapporte de Robert-le-Pieux un trait de clémence qui semble effacer tout ce qu'on nous raconte d'Auguste et de Trajan. Il fut averti, étant à Compiègne, que douze scélérats avaient formé le projet de l'assassiner : on les arrêta, et leur procès fut instruit. Mais, tandis qu'on y travaillait, le bon roi leur fit donner la communion, après les y avoir fait préparer par la pénitence ; il les admit ensuite à l'honneur de manger avec lui, leur pardonna, et envoya dire aux juges qui les avaient condamnés : *qu'il ne pouvait se résoudre à se venger de ceux que son maître avait reçus à sa table.*

Piété et charité de Robert-le-Pieux.

Ce bon prince regardait les pauvres comme ses amis : il en nourrissait chaque jour trois cents, quelquefois mille : le jeudi saint, il les servait à genoux, et leur lavait les pieds. C'est de là qu'est venu l'usage où sont nos rois de laver à pareil jour les pieds à douze pauvres. La compassion du pieux monarque pour les malheureux allait quelquefois si loin, que lorsque l'argent lui manquait, il leur permettait de le voler, et trouvait très mauvais qu'on voulût les en empêcher. On rapporte que les filous, sous prétexte de lui demander l'aumône, le suivaient jusque dans son appartement, et lui prenaient impunément tout ce qu'il y avait de plus précieux dans ses poches et sur ses habits. Un d'eux lui ayant coupé la moitié d'une frange d'or, voulait encore emporter l'autre. « Retirez-vous, lui dit le roi avec bonté, contentez-vous de ce que vous avez ; ce qui reste pourra servir aux besoins de vos camarades. »

Modération de Louis VI.

1116.

Durant les guerres qui, depuis l'an 1110, avaient éclaté entre la France et l'Angleterre, au sujet de la forteresse de Gisors, le comte de Champagne, par ses révoltes continuelles, avait trop favorisé les ennemis de notre monarchie pour que Louis-le-Gros ne cherchât pas à l'en punir. Ce fut dans cette intention que ce monarque s'avança vers Chartres. Cette ville appartenait au comte rebelle, et Louis avait résolu de la réduire en cendres. Mais le clergé et les bourgeois de cette malheureuse cité vinrent en procession au-devant de lui, ils portaient une chemise de la sainte Vierge, ils criaient miséricorde, et conjuraient le monarque de ne point venger sur les siens l'injure qu'il avait *reçue* d'un étranger et d'un vassal rebelle. Touché de leurs larmes, ce bon prince fit retirer ses troupes; et, sacrifiant son ressentiment à sa religion, il renonça au plaisir, quelquefois trop flatteur, d'une vengeance autorisée par les lois de l'honneur et de l'état.

Présence d'esprit et courage de Louis VI.

1116

Si la malheureuse bataille de Brenneville accusa l'imprudence des Français, qui ne se laissèrent arracher la victoire que parce qu'ils s'en crurent trop assurés, on ne peut cependant disconvenir que cette déplorable journée n'ait mis dans tout son lustre la présence d'esprit et le courage de Louis VI.

Ce vaillant monarque faisait des efforts incroyables pour

ramener ses troupes au combat; elles prenaient la fuite, et, frappées d'une terreur qu'elles étaient hors d'état de maîtriser, elles ne se souvenaient plus de cet antique honneur qui tant de fois leur avait fait braver mille morts plutôt que d'abandonner leur souverain. Dans cette extrémité, un Anglais, ayant saisi par la bride le cheval de Louis-le-Gros, se mit à crier : *Le roi est pris ! Ne sais-tu pas,* lui dit ce prince en plaisantant, *qu'au jeu des échecs on ne prend jamais le roi?* En même temps il lui décharge un si furieux coup d'épée, qu'il le renverse mort à ses pieds. Ainsi débarrassé, il se jeta dans une forêt, où il erra longtemps à l'aventure, jusqu'à ce qu'une femme du pays le conduisit à Andelys.

Respect des grands feudataires pour Louis VI.

1127.

De toutes les marques de respect que les hauts tenanciers de la couronne donnèrent à Louis-le-Gros, il n'en est aucune qui soit plus digne de remarque que celle qui lui fut déférée par le duc d'Aquitaine : voici à quelle occasion.

Déjà vaincu et amnistié par son souverain, le comte d'Auvergne s'était révolté contre lui pour la seconde fois. Le monarque vole aussitôt pour le punir de sa félonie; il s'empare de plusieurs forteresses, se rend maître de Montferrand, et met le siége devant Clermont. Le duc d'Aquitaine, suzerain du rebelle, accourt pour le défendre; mais ayant reconnu du haut des montagnes toutes les forces du roi, il appréhenda de subir le sort de tant de feudataires que Louis avait sacrifiés à son juste ressentiment, et il écrivit à ce prince la lettre suivante :

« Seigneur roi, salut, respect, honneur.

» Le duc d'Aquitaine, qui est votre homme, supplie » votre majesté de ne pas dédaigner de recevoir son hom-

» mage, et de vouloir bien le maintenir dans tous ses
» droits ; car, si la justice exige qu'il vous serve comme
» son maître, elle veut aussi que vous le protégiez comme
» votre vassal. Si le comte d'Auvergne, qui tient de moi
» son comté, comme je le tiens de vous, est coupable de
» quelque crime, je m'engage de le représenter à votre
» cour toutes les fois et en tout lieu qu'il vous plaira.
» Enfin, pour ôter tout doute à la sincérité de mes senti-
» ments, je m'offre à donner autant d'ôtages que votre
» grandeur jugera à propos, pour sûreté de la promesse
» que je fais de me soumettre au jugement des pairs de
» votre royaume. »

On voit par cette lettre combien les exploits de Louis-
le-Gros avaient rendu l'autorité royale respectable, même
aux yeux des vassaux les plus puissants, et qui se
piquaient le plus d'indépendance. Le roi reçut les hom-
mages, les serments et les ôtages qu'on lui offrait. Le duc,
de son côté, se rendit à Orléans avec le comte d'Auvergne,
qui demanda pardon au monarque.

Etablissement des communes par Louis VI.

Avant Louis VI, il n'y avait de personnes libres que la
noblesse et le clergé : les autres habitants des villes,
bourgades et villages étaient plus ou moins esclaves. On
en distinguait de deux sortes : les uns, appelés serfs,
étaient *attachés à la glèbe*, c'est-à-dire à l'héritage ; ils se
vendaient avec le fonds, ne pouvaient ni se marier, ni
changer de demeure ou de profession sans l'agrément du
maître, ni acquérir qu'à son profit. Les autres, qu'on
nommait hommes de poète, ne dépendaient pas aussi absolument du seigneur, qui n'était maître ni de leur vie ni
de leurs biens.

Louis VI résolut d'obvier à tous les inconvénients qui
naissaient d'un pareil système politique. Il imagina une

nouvelle police pour lever des troupes, indépendamment
de ses vassaux, et une nouvelle forme de justice pour
empêcher l'impunité des crimes. Il remit aux villes de son
domaine certaines redevances que les habitants payaient
par tête; il se contenta d'un cens sur leurs terres, affranchit ceux d'entre eux qui étaient serfs, leur donna le droit
de bourgeoisie, et leur permit de se choisir un maire e
des échevins. Ces villes, devenues autant de républiques,
sous le nom de *communes*, étaient astreintes à se charge
elles-mêmes de la levée des hommes qu'elles devaient au
roi. Chaque paroisse marchait à l'armée sous la bannière
du saint de son église, comme le monarque marchait lui-
même sous la bannière de saint Denis.

Voilà comment Louis-le-Gros jeta en France le premier
fondement des libertés publiques, et donna naissance à un
troisième ordre connu sous le nom de *tiers-état.*

Fermeté et générosité de Louis VII, dit le Jeune.

1148.

Louis VII se rendait en Palestine pour s'acquitter du
vœu qu'il avait fait de combattre les mahométans. Arrivé
à Constantinople, il sut maintenir la dignité de sa couronne contre les préventions de l'empereur d'Orient,
Manuel Commène. Il s'était déjà remis en marche et avait
franchi le détroit, lorsque Manuel l'envoya prier de revenir
pour conférer de quelques affaires. Le roi lui fit dire que
s'il avait à lui parler, il prît la peine de le venir trouver
lui-même, ou du moins de faire la moitié du chemin, afin
qu'ils pussent traiter sur mer d'égal à égal. Le prince grec
fut obligé de prendre ce dernier parti, et de s'avancer
jusque sur les bords de la Propontide.

Mais autant le roi de France montrait de fierté à l'égard
d'un souverain dont rien ne troublait le bonheur, autant
il marquait de déférence aux princes qui avaient éprouvé

l'atteinte du malheur. Parvenu sur les bords du lac d'Ascagne, on vint lui apprendre que l'empereur Conrad, privé de ses troupes et de ses trésors par la perfidie de Manuel, campait sous les murs de Nicée. Louis, sensible à l'infortune du prince allemand, fait aussitôt monter à cheval quelques-uns des principaux seigneurs de son armée, et se rend avec eux au camp de Conrad. On ne vit jamais rien de si tendre et de plus touchant que leur entrevue. Louis offrit aux Allemands tout ce qui pouvait les consoler dans leur disgrâce; et, par ses soins affectueux et délicats, il adoucit les chagrins de ce monarque.

Intrépidité de Louis VII.

1148.

Continuant toujours sa route vers la Terre-Sainte, Louis VII passa le Méandre, fleuve aussi large que profond, à la vue des Turcs qui lançaient une grêle de flèches sur ses troupes. Parvenu à l'autre bord, le monarque enfonce le premier rang des infidèles, les poursuit jusque dans leur camp, les y force, y fait un horrible carnage, un grand nombre de prisonniers et un riche butin.

Peu de jours après, Geoffroy de Rançon, l'un des premiers barons du Poitou, conduisait l'avant-garde où se trouvait l'étendard et l'oriflamme. Il devait asseoir son camp sur le haut d'une montagne, pour être toujours maître des défilés; mais n'y trouvant ni eau ni fourrages, il descendit dans une plaine qui lui parut délicieuse. Les Turcs profitèrent de cette imprudence. Ils vinrent en toute hâte se saisir des hauteurs, et coupèrent tellement les communications entre le baron et le roi, qu'il leur fut impossible de se donner aucun secours. Alors ceux des mahométans qui étaient sur les ailes fondirent avec impétuosité sur l'arrière-garde la chargèrent avec tant de

fureur, que la première ligne fut renversée presque aussitôt
qu'attaquée. La seconde soutint mieux le choc. Mais tel
était le nombre des assaillants, telle était la surprise des
croisés, que l'armée chrétienne allait être taillée en pièces
si la nuit ne fût survenue. Le roi se défendit seul contre
plusieurs Sarrasins qui le poursuivaient pour lui enlever
ses éperons dorés. Il s'adossa contre un gros arbre et les
repoussa si vivement qu'il eut le temps d'y monter. Les
barbares l'y attaquèrent à coups de flèches; mais la bonté
de ses armes se trouva à l'épreuve de leurs traits. Quelques-uns essayèrent d'y monter après lui, inutiles efforts!
Louis se servit si bien de son sabre, fit voler avec tant de
dextérité et de promptitude les têtes et les bras de tous
ceux qui osaient l'approcher, que les assaillants, qui ne le
connaissaient pas, l'abandonnèrent pour aller piller
ailleurs. Ainsi délivré par sa bravoure, le roi descendit
alors, monta sur un cheval sans maître, et erra quelque
temps à l'aventure; enfin, malgré l'obscurité de la nuit,
il eut le bonheur de trouver les défilés des montagnes, et
arriva heureusement au camp de son avant-garde, qui,
en voyant son roi plein de vie, se consola de la perte de
la moitié de l'armée.

Nouvel exemple de justice et de générosité donné par Louis VII.

1150.

Geoffroi, comte d'Anjou, et Henri, son fils aîné, vinrent
trouver Louis VII pour lui demander justice d'Etienne de
Boulogne, qui leur enlevait, contre tout droit, le royaume
d'Angleterre et le duché de Normandie. La raison et
l'équité appuyaient leur demande. Le monarque prit en
main leur cause; il leva une puissante armée, s'empara
de la Normandie, et la rendit au prince Henri, qui lui en
fit hommage. Le nouveau duc, pour reconnaître un si

grand bienfait, céda, du consentement de son père, à son généreux protecteur tout le Vexin normand. Mais bientôt, oubliant ses serments, il refusa de se soumettre au jugement du roi, qui le fit citer à la cour des pairs pour y rendre compte de sa conduite à l'égard d'un gentilhomme angevin dont il avait envahi les terres. Louis, indigné de tant d'audace, entre à main armée dans la Normandie, s'empare de Vernon, et va mettre le siége devant Neuf-Marché, qu'il emporte d'assaut. Le duc, épouvanté de ces rapides succès, s'humilie, remet le gentilhomme en possession de ses châteaux, renouvelle son hommage, et le roi, naturellement bon et clément, lui rend les places qu'il lui a enlevées.

Utiles occupations de Philippe-Auguste.

1182.

Philippe-Auguste appliqua tous ses soins à rendre ses loisirs avantageux à son peuple. Il acheta des lépreux, qui demeuraient hors de Paris, le privilége d'une foire qu'il transféra en un endroit nommé dans les anciens titres *Champeaux* ou *les Petits-Champs ;* on y bâtit par ses ordres deux halles qu'il fit entourer d'un mur, avec des portes qui se fermaient la nuit. On permit aux marchands d'élever entre ce mur et ces halles des étaux où ils pussent être à couvert, à condition de payer un certain droit qu'on appelait *étalage.* Il y avait dans ce même terrain un emplacement que nos premiers rois avaient donné pour y faire le cimetière de Paris ; ce lieu était devenu un réceptacle d'immondices, et le théâtre des plus infâmes dissolutions ; le roi, pour y remédier, le fit enfermer de murailles.

L'odeur infecte qui s'élevait des boues de la ville était si grande, qu'elle pénétrait jusque dans le palais de nos rois, et le rendait presque inhabitable. Philippe-Auguste résolut d'obvier à cet inconvénient; et, sans s'étonner de la difficulté de cette entreprise, ni de la prodigieuse dépense qu'elle exigeait, il fit paver toutes les rues et toutes les places publiques de Paris.

Peu content d'avoir établi la propreté dans cette capitale, il voulut aussi pourvoir à sa sûreté. Pour y parvenir, il voulut réunir dans la même enceinte une partie des bourgs qui entouraient cette ville. On y travailla avec tant de diligence, qu'en très peu de temps cette vaste clôture fut achevée. Il y avait entre ces bourgs qu'on venait d'enclore plusieurs espaces remplis de jardins, de terres labourables, de vignes et de prairies; chacun s'empressa de les couvrir de bâtiments. Le roi, afin de faciliter l'exécution d'un ouvrage qu'il avait si fort à cœur, se chargea de dédommager les propriétaires du terrain où passeraient les fondations des murs et les fossés.

Les soins du monarque ne se bornèrent point à la capitale; les autres principales villes du royaume furent également embellies et fortifiées par ses ordres. On admira partout le généreux désintéressement du prince, qui, pouvant, d'après les lois alors en vigueur, élever des murs et creuser des fossés sur un fonds étranger, ne voulut point user de son droit, et contribua de l'argent de son épargne à la construction d'un ouvrage qui n'avait d'autre objet que l'utilité publique.

Fierté et présence d'esprit de Philippe-Auguste.

1197.

Pendant une des guerres sanglantes qu'eurent à soutenir Philippe-Auguste et Richard-Cœur-de-Lion, le monarque français marchait au secours de Courcelles avec quelques fantassins et trois cents gendarmes, lorsqu'il aperçut Richard qui venait fondre sur lui avec toute son armée. On lui conseillait de retourner sur ses pas. *Moi, dit-il, que je fuie devant mon vassal! On ne me reprochera jamais une pareille lâcheté.* En même temps, il se jette au travers des bataillons ennemis, les enfonce, et gagne Gisors par une des plus heureuses témérités qu'on puisse voir. Mais, échappé d'un danger, il en courut un autre qui ne fut pas moins grand. Le pont sur lequel il passait pour entrer dans la ville se rompit tout-à-coup, et le précipita dans l'Epte, rivière peu large, mais profonde. Il y aurait péri s'il n'eût eu assez de vigueur et assez de présence d'esprit pour se tenir ferme sur son cheval, qui de lui-même se mit à nager vers le bord.

Conquêtes de Philippe-Auguste.

1202—1205.

Jean, roi d'Angleterre, meurtrier de son neveu Arthur, duc de Bretagne, avait été cité à la cour des pairs par des sergents d'armes ; il envoya demander à Philippe-Auguste un sauf-conduit. *Qu'il vienne, dit le prince français, il le peut. — Y aura-t-il sûreté pour le retour?* demanda le ministre anglais. — *Oui,* répondit le roi, *si le jugement des pairs le permet.* Philippe ne voulut rien promettre que d'exécuter ponctuellement l'arrêt, et il demeura ferme à soutenir qu'aucune dignité ne pouvait affranchir les vassaux du droit qu'il avait originairement sur leur personne. Ainsi, l'accusé n'ayant point comparu, ni envoyé personne en son nom, les pairs de France le jugèrent atteint et convaincu du crime de parricide, le condamnèrent à mort, et déclarèrent toutes ses terres situées dans le royaume confisquées au profit du roi.

Philippe se mit aussitôt en devoir d'exécuter cette sentence. Il prit en moins de six mois, par intelligence ou par force, presque toutes les villes de la haute Normandie. On n'avait point encore entendu parler d'une conquête si rapide. Nonancourt et Conches lui ouvrirent leurs portes. Andelys fut forcé de capituler ; Radepont fut emporté d'assaut ; le Vaudreuil, le Pont-de-l'Arche et Monfort ne firent qu'une faible résistance. Il n'y eut que Château-Gaillard, place située près d'Andelys, sur une roche escarpée, qui opposa une résistance digne du vainqueur. Le brave guerrier qui en était commandant n'ayant plus ni munitions ni vivres, sortit l'épée à la main, résolu de vendre chèrement sa vie ; mais le roi la lui sauva par estime pour sa valeur, et traita humainement la garnison.

A la nouvelle de ce revers, le roi Jean s'enfuit promptement à Londres, et Philippe profita de cette honteuse retraite pour achever la conquête de la Normandie. Falaise se rendit après sept jours de siége ; la plupart des autres villes imitèrent son exemple : Domfront, Caen, Coutances, Bayeux, Lisieux, Avranches, tout ouvrit ses portes au vainqueur. Il ne restait plus aux Anglais que Rouen, Arques et Verneuil. Rouen, capitale de la province, que le courage de ses habitants avait jusque-là rendue imprenable, était défendue, outre cela, par une double muraille et par un fossé aussi large que profond. Arques et Verneuil étaient aussi très fortes, tant par leur situation que par le nombre et l'intrépidité de leurs défenseurs. Mais rien de tout cela ne put les soustraire au pouvoir du monarque français : toutes trois, forcées de capituler, promirent de se rendre si, au bout de trente jours, elles n'étaient point secourues. Jean-sans-Terre leur ayant refusé toute assistance, elles ouvrirent leurs portes au monarque français, à condition qu'on ne toucherait à aucun de leurs priviléges. Ainsi la Normandie entière fut réunie à la couronne, environ trois cent seize ans après qu'elle en eut été détachée.

Maître de cette grande province, Philippe s'avança vers

les autres, qui par leur situation étaient moins en état d'être secourues. Guillaume des Roches, gouverneur d'Angers, croyant sauver la vie au duc Arthur, l'avait pour ainsi dire livré à Jean-sans-Terre. Outré de la mort du jeune prince, il quitte aussitôt les étendards de l'assassin, pour passer sous ceux du roi de France, auquel il livre d'un seul coup l'Anjou, le Maine et la Touraine. Il n'y eut que Loches, Chinon et Châtillon-sur-Indre qui refusèrent de se rendre; mais après un siége soutenu avec opiniâtreté, ces trois villes furent enfin obligées de recevoir la loi du vainqueur. En même temps, le maréchal de France Henri Clément de Metz s'était emparé d'une grande partie du Poitou. La capitale de cette province n'attendit que l'arrivée du monarque pour lui ouvrir ses portes. Tout le reste se soumit à son exemple, excepté Niort, Thouars et La Rochelle. Deux ans suffirent pour tant de conquêtes.

Philippe-Auguste vainqueur à Bouvines.

1214.

Pour châtier Ferrand de Portugal, comte de Flandre, qui s'était ligué avec le roi d'Angleterre, Philippe-Auguste avait enlevé à ce seigneur déloyal les plus fortes places de son comté, lorsque la plupart des souverains de l'Europe se déclarèrent contre la France. De ce nombre furent l'empereur Othon, le duc de Brabant, gendre de Philippe, le comte de Namur, prince du sang des Capétiens. Les souverains coalisés présumaient tellement du nombre et de leur force, qu'avant d'avoir conquis la France, ils la partagèrent entre eux. Le comte de Flandre devait avoir Paris et ses environs; le comte de Boulogne, le Vermandois; le roi d'Angleterre, les provinces au-delà de la Loire; l'empereur, la Bourgogne et la Champagne. Ainsi Philippe qui, peu de temps auparavant, se préparait à détrôner le roi d'Angleterre, se vit lui-même en danger de perdre sa couronne. Mais sa fortune et son courage le firent sortir de ce péril avec la plus grande gloire qu'ait jamais acquise un roi de France.

Elle lui fut présagée par les succès de son fils contre Jean-sans-Terre, à qui ce jeune prince enleva tous ses bagages. Cependant le fort de la guerre était du côté de la Flandre, où l'empereur, à la tête de près de deux cent mille hommes, distribuait les provinces de France, qu'il regardait comme une conquête infaillible. Le roi, quoique le plus faible des trois quarts, ne laissa pas de s'avancer jusqu'à Tournai, dans le dessein de livrer le combat, si l'occasion se présentait de le livrer avec succès. On ne peut assez louer la valeur et l'habileté qu'il fit éclater dans une conjoncture aussi délicate. On dit que, peu d'heures avant l'action, il mit une couronne d'or sur l'autel où l'on célébrait la messe pour l'armée, et que, la montrant à ses troupes : « Généreux Français, leur dit-il, s'il est quelqu'un parmi vous que vous jugiez plus capable que moi de porter le premier diadème du monde, je suis prêt à lui obéir ; mais si vous ne m'en croyez pas indigne, songez que vous avez à défendre aujourd'hui votre roi, vos familles, vos biens, votre honneur. » On ne lui répondit que par des acclamations et des cris de *Vive Philippe ! qu'il demeure notre roi ! nous mourrons pour sa défense et pour celle de l'Etat.* Aussitôt les soldats, saisis d'un nouveau transport, se prosternent à ses pieds, *et demandent sa bénédiction,* qu'il leur donne sans hésiter. Les deux armées se rencontrèrent près du village de Bouvines, entre Lille et Tournai. L'empereur commandait le corps de bataille de la sienne, le comte de Boulogne l'aile droite, le comte de Flandre la gauche. L'armée française fut rangée en bataille par le frère Guérin, chevalier hospitalier, qui venait d'être nommé à l'évêché de Senlis. Ce grand homme sut tellement disposer les troupes, qu'elles eurent toujours le soleil à dos, avantage si considérable, qu'une des principales causes de la défaite des ennemis fut d'avoir eu pendant cinq heures le soleil, le vent, la poussière dans les yeux. Philippe se mit au corps de bataille; le commandement de l'aile droite fut donné au duc de Bourgogne, et celui de la gauche au comte de Dreux et de Ponthieu. L'action commença un peu avant midi. L'aile droite des Français fut la première qui engagea le combat; elle avait affaire au comte de Flandre, qui, dans cette occasion, se battit en homme résolu de vaincre ou de périr. Mais enfin, enveloppé de tous côtés, renversé de son cheval, tout couvert de sang et de blessures, il fut contraint de se rendre aux seigneurs de Mareuil. Sa prise mit en fuite les Flamands, qu'on ne poursuivit pas.

Le plus grand carnage fut au corps de bataille, où le roi, quoique infiniment plus faible, soutint les efforts des Allemands avec toute la sagesse d'un général et toute la bravoure d'un soldat. Il avait à ses côtés l'élite de ses soldats. Othon avait mis son armée en trois lignes, avec ordre de ne s'attacher qu'au monarque français, persuadé qu'en lui seul consistait toute l'espérance de la nation. Le comte de Dreux, qui se trouvait opposé au premier de ces escadrons, eut le bonheur d'en soutenir l'impétuosité; la noblesse de Champagne arrêta le second; pour le troisième, où était l'empereur, il renversa tout ce qui se rencontra sur son passage, et pénétra jusqu'à la troupe du roi, où paraissait la bannière royale semée de fleurs de lis. Elle était alors portée par Galon de Montigny, chevalier très vaillant, mais pauvre. Là le combat fut opiniâtre et sanglant. On n'en voulait qu'au roi : on lui portait de tous côtés des coups que son adresse, la force et la bonté de ses armes paraient heureusement. Un Allemand l'atteignit vers la gorge, au défaut de la cuirasse, avec un de ces javelots à double crochet dont les anciens Français faisaient usage, et, le tirant avec violence, il l'abattit à terre. Toute la bravoure de la noblesse française ne put l'empêcher d'être foulé aux pieds des chevaux. Montigny cependant haussait et baissait la bannière royale, pour donner à toute l'armée le signal de l'extrémité où le monarque était réduit. Ce brave gentilhomme, bien qu'embarrassé de son étendard, lui fit un rempart de son corps, renversant à grands coups de sabre tout ce qui se présentait pour l'assaillir, ce qui lui donna le temps de se relever, et de remonter sur le cheval de Pierre Tristan, qui de son côté faisait des efforts incroyables pour écarter l'ennemi presque vainqueur. Guillaume des Barres étant arrivé sur ces entrefaites avec un nouveau renfort de seigneurs et d'officiers, le combat se rétablit avec une fureur dont l'histoire fournit peu d'exemples.

Le péril du roi, l'honneur, la gloire de la nation, tout anima les Français de ce feu qui produit les héros et les actions héroïques. Les Allemands furent enfoncés à leur tour. On perça jusqu'aux gardes de l'empereur, et par un de ces revers de fortune assez ordinaires, mais toujours surprenants, ce prince devint lui-même en butte à tous les traits de la noblesse française. On ne s'attacha qu'à lui, comme les impériaux ne s'étaient attachés qu'au roi. Mauvoisin saisit la bride de son cheval; mais, ne pouvant l'emmener à cause de la foule, Gérard Scrophe lui porta dans l'estomac un grand coup d'épée qui plia contre la cuirasse, sans qu'il en fût désarçonné. Il lui en déchargea un second qui ne tomba que sur la tête du cheval. L'animal, blessé mortellement, fait un effort extraordinaire, tourne tout-à-coup en arrière, emporte son maître avec une vitesse extrême, et l'arrache des mains de ces braves chevaliers. Des Barres s'étant rencontré sur son passage, le prit deux fois au corps; deux fois il eut le bonheur d'échapper à l'Achille français, qui, enveloppé lui-même par sept cents Brabançons, eût été arrêté prisonnier, si Saint-Valery ne l'eût dégagé avec le corps de deux mille hommes qu'il commandait. Othon cependant, remonté sur un cheval frais, fuyait à toute bride du côté de Gand. Dès lors tout céda à la valeur française. On prit l'étendard impérial, et l'on présenta au roi le char qui portait ce fameux aigle d'or que les Allemands avaient regardé comme un glorieux présage de leur triomphe, mais qui, dans l'état où il se trouvait, les ailes arrachées et brisées, n'annonçait plus qu'une honteuse défaite.

On combattait encore à l'aile gauche des Français, où la victoire, longtemps incertaine, se déclara enfin pour Philippe. Le comte de Salisbury, qui commandait les Anglais, s'étant engagé légèrement dans la mêlée, fut renversé d'un coup de massue par Philippe de Dreux, évêque de Beauvais, et fait prisonnier par Jean de Nesle, qui était auprès du pontife. Le comte de Boulogne fit paraître dans toute l'action un courage et une conduite qui lui auraient mérité une gloire immortelle, s'il n'avait point porté les armes contre son souverain. Il soutint jusqu'à l'extrémité l'honneur de la journée; et, quoique tout fût désespéré, il ne voulut ni se sauver ni se rendre. On vint cependant à bout de le forcer dans le redoutable bataillon de soldats choisis, rangés en rond et armés de piques, au milieu duquel il s'était enfermé. Abattu sous son cheval par Pierre de Tourelle, il allait être infailliblement la victime de quatre seigneurs qui prétendaient le faire prisonnier, lorsqu'il aperçut le chevalier Guérin, auquel il se rendit.

Ainsi fut vaincue, après six heures de combat et des événements si différents, la plus formidable armée qui, de plusieurs siècles, eût paru en Occident. On fait monter la perte des ennemis à trente mille hommes. Ce qu'il y a de bien certain, c'est qu'on leur prit cinq comtes très puissants, quatre princes allemands, vingt-cinq seigneurs portant bannière, et un nombre infini de chevaliers et de gentilshommes.

Le retour du monarque fut un continuel triomphe. Les chemins étaient remplis des peuples accourus pour voir ce roi victorieux. Toutes les rues des cités et des villes par où il passa furent richement tapissées; on joncha toute sa route de fleurs, d'herbes et de branches d'arbres. Paris renchérit encore sur cette allégresse : tout le clergé, tout le peuple l'allèrent recevoir avec les démonstrations de la joie la plus vive. Ce ne fut pendant sept jours que festins, que danses, qu'illuminations pendant la nuit. Le vainqueur entra dans sa capitale au son des cloches et des instruments de guerre, revêtu de ses habits royaux, et monté sur un char magnifique. Le comte de Flandre suivait, enchaîné dans une espèce de litière ouverte, et exposé aux brocards de la populace qui l'accablait de sanglantes railleries. Ce fatal chariot était tiré par quatre chevaux alezans, qu'on nommait alors ferrands, ce qui donna lieu à la chanson que fit le peuple : *Quatre ferrands bien ferrés traînent Ferrand bien enferré.*

Ainsi fut consolidée la couronne de France sur la tête de l'un de nos plus grands rois; ainsi fut sauvé d'une ruine qui semblait inévitable, et porté au plus haut degré de splendeur, le plus beau et le plus noble royaume de l'univers

Zèle religieux de saint Louis.

1231—1238.

Tandis qu'il s'occupait à dompter successivement les révoltes de Pierre Mauclerc, comte de Bretagne, et de Thibaut, comte de Champagne, qu'il réussit par sa prudence et par sa valeur à faire rentrer dans le devoir, saint Louis ne négligeait point ce qui intéressait la religion et pouvait lui donner un nouveau lustre. Il persuada à Odon Clément, abbé de Saint-Denis, de rebâtir son église, et il lui en fournit les moyens. Le bon moine, par un scrupule d'une grande simplicité, n'osait toucher, disait-il, à un édifice qu'une tradition populaire assurait avoir été consacré par Jésus-Christ même. Louis leva tous ses doutes, et en très peu de temps l'ouvrage fut achevé. Ce monarque venait de fonder avec une magnificence royale l'abbaye de Royaumont, de l'ordre de Cîteaux, en Beauvoisis. On assure qu'il y travailla lui-même avec les moines, et que, dans ses heures de récréation, il leur aidait à porter des pierres pour le bâtiment, ou à cultiver leur jardin. Il en fit par la suite un lieu de retraite; et pour se délasser des fatigues de la royauté, il y allait prier Dieu et servir les pauvres.

Sept ans après, il donna de sa piété une preuve nouvelle, en dégageant à ses frais la couronne d'épines de Jésus-Christ. On voit, par plusieurs monuments, que cette sainte relique avait été conservée de tout temps avec une grande vénération. Grégoire de Tours rend témoignage à son existence; les religieux de Saint-Denis se vantaient anciennement de la posséder dans leur abbaye; et ils se réduisirent enfin à dire qu'ils n'en avaient qu'un fragment tiré par Charles-le-Chauve de la sainte chapelle d'Aix, où Charlemagne l'avait mis; mais personne ne niait l'authenticité de celle de Constantinople : la nécessité l'avait fait engager aux Vénitiens et aux Génois pour diverses sommes empruntées. Alors elle appartenait en quelque sorte à Nicolas Quirino, Vénitien, qui devait l'emporter dans sa patrie, s'il n'était remboursé de ses avances dans un terme de quelques mois. L'empereur Baudouin, dans l'impuissance de la racheter, crut qu'elle ne pouvait tomber en des mains plus dignes que celles de Louis, et il le pria de trouver bon qu'il lui en fit présent. Le pieux monarque accepta cette offre avec une joie incroyable. Quirino fut payé de tout ce qui lui était dû, et la sainte couronne fut apportée en France, scellée des sceaux de l'empire et de ceux de la république de Venise.

Le roi, suivi de toute la cour et de tout le clergé, alla recevoir cette pieuse relique à cinq lieues de Sens; il l'accompagna jusqu'à Paris, et la porta lui-même, assisté des princes ses frères, nu-pieds, nu-tête, depuis le bois de Vincennes jusqu'à Notre-Dame, et de là au palais, où elle fut déposée dans la chapelle de Saint-Nicolas, que Louis-le-Gros avait fait bâtir.

Quelques années après, le religieux prince retira encore

des Vénitiens un morceau de la vraie croix, qui leur avait été engagé par l'empereur de Constantinople, le fer de la lance qui perça le côté de Notre-Seigneur, l'éponge qui servit à l'abreuver de fiel et de vinaigre, et quelques autres reliques qu'il reçut avec le même respect, et qu'il renferma dans des châsses d'argent enrichies de pierreries. Il fit abattre l'ancienne chapelle du palais; il éleva à la même place ce monument si connu depuis sous le nom de Sainte-Chapelle.

Intrépidité et victoires de saint Louis.

1241—1242.

Issu de l'illustre maison de Lusignan, cousin des rois de Chypre et de Jérusalem, époux de la reine Isabelle, veuve de Jean-sans-Terre et mère de Henri III, Hugues, comte de la Marche, possédait, outre cette principauté, une grande partie de la Saintonge, de grands fiefs dans le Poitou, et le comté d'Angoulême. Tant de puissance, jointe à une si haute noblesse, lui faisaient supporter impatiemment le rôle de feudataire; et, à l'instigation de son épouse, il résolut de secouer le joug de l'obéissance. Pour exécuter ce dessein, il se rendit à Poitiers, où Louis était venu faire prêter hommage au prince Alphonse, son frère, qu'il avait investi de ce comté. La vue de son souverain déconcerta tous les projets de Hugues; il rendit son hommage comme tous les autres. Bientôt cependant il s'en repentit; il assembla ce qu'il put d'amis, de vassaux, de gens de guerre, et alla camper à Lusignan, petite ville avec un château, à six lieues de Poitiers. Le roi en fut aussitôt averti, et *eût bien voulu*, dit Joinville, *être à Paris, et lui fut forcé de séjourner quinze jours auprès de son frère sans qu'il osât sortir.* Il n'avait d'autre armée que sa maison et celle d'Alphonse. Ennuyé, il prend un parti qui pouvait avoir quelque chose de hasardeux, mais que l'événement justifia. Il va trouver le comte et la comtesse ; il se montre à eux avec un air de maître ; il les étonne d'abord par une fière contenance ; puis se radoucissant, il conclut avec eux un traité, et repart ensuite pour Paris.

Il y fut bientôt informé que le comte de la Marche s'était révolté contre Alphonse avec la dernière insolence, et il se mit à la tête de sa noblesse pour aller châtier cette rébellion. De son côté, Hugues se préparait à la défense, pressait ses alliés et faisait fortifier ses places. Il envoya en Angleterre solliciter l'assistance de Henri III, et lui promettre le plus heureux succès. Mais quelques espérances qu'il eût inspirées à ce prince, celui-ci ne put les faire partager à ses sujets, et il fut réduit à n'emmener au secours du comte qu'une troupe de trois cents chevaliers.

Louis, informé de ce qui se passait, ne voulut point couper le passage à son ennemi, parce qu'il n'y avait point de rupture ouverte entre les deux couronnes ; mais il fit garder par ses flottes et celles de ses vassaux les côtes de la Saintonge, du Poitou, de la Normandie, de la Bretagne et du Boulonnais, et il réunit ensuite à Chinon une armée de quatre mille chevaliers et de vingt mille hommes d'autre cavalerie. A la tête de ces forces, le saint roi marcha vers le Poitou, entra dans les terres du comte de la Marche sans rien trouver qui l'arrêtât, força Montreuil en Gastine, emporta au bout de quelques jours la tour de Béruge, l'un des plus forts boulevards des rebelles, la fit raser, enleva de force Moncontour, Fontenay-le-Comte et Vouvant.

Hugues n'osant tenir la campagne, la dévasta, boucha ou empoisonna tous les puits, et répandit ses troupes dans ses places. Sa femme, afin de remédier au mauvais succès d'une guerre dont elle était l'unique cause, composa elle-même un poison, et envoya quelques-uns de ses gens pour le répandre sur les viandes du roi ; mais découverts avant l'exécution de leur infâme dessein, ils furent saisis et livrés au bourreau.

Echappé à ce péril, le monarque assiégea Fontenay, entre la Saintonge et le Poitou. Cette place était extrêmement forte, entourée d'une double muraille, flanquée de grosses tours, et défendue par quantité de braves, sous le commandement de l'un des fils du comte de la Marche. Elle opposa la plus héroïque résistance, mais ce fut inutilement. Irrité par la blessure dont fut atteint le comte de Poitiers, et par la déclaration de guerre de Henri III, le roi de France déploya tant de valeur contre les assiégés, que leur forteresse fut emportée d'assaut au bout de quinze jours. Le fils du comte de la Marche demeura prisonnier avec quarante et un chevaliers, quatre-vingts sergents, et tout ce qui restait de la garnison. Toute l'armée demandait qu'on les punît d'une mort ignominieuse ; mais le roi plaida lui-même leur cause, et se contenta de les envoyer en différentes prisons de son royaume.

Toutes les places en-deçà de la Charente, épouvantées de la prise de Fontenay, furent forcées sans peine, ou se rendirent sans résistance. Taillebourg, ville très importante, ouvrit aussi ses portes. Le monarque s'y logea avec ses principaux officiers, le reste campa dans la prairie qu'arrose la Charente, à la vue de l'armée anglaise, postée sur l'autre rive. Il y avait sur la rivière un pont si petit, qu'on ne pouvait y faire passer que quatre hommes de front ; l'extrémité en était défendue par quelques tours dont Henri s'était rendu maître. Sur-le-champ Louis rassemble une multitude de bateaux, les charge de troupes, et leur ordonne d'aller prendre terre, malgré les arbalétriers anglais qui bordaient le rivage ; en même temps il commande l'attaque du pont. Elle se fit d'abord avec furie, l'ardeur du soldat répondant à celle du général. Bientôt les retranchements furent emportés ; mais bientôt aussi l'on perdit, après un combat opiniâtre, ce que la première fougue avait fait gagner. Alors le saint roi, s'abandonnant à son courage, met pied à terre, se jette, l'épée à la main, au milieu de la mêlée, renverse tout ce qui s'oppose à ses

coups, et pendant quelque temps soutient presque seul)
tout l'effort des ennemis qui l'entourent. D jà il avait
percé jusqu'à l'autre bout du pont, et s'en était emparé;
mais ce fut là qu'il se vit dans le plus grand péril, *car
pour un homme qu'il avait quand il .fut passé, les Anglais,*
dit Joinville, *en avaient bien cent.* Sa valeur néanmoins
suppléa au nombre : il repoussait d'un côté les plus
ardents, de l'autre il mettait en bataille ceux qui lui
venaient. Enfin, j nt par ses troupes, qui abordaient en
foule, et s'étendaient à mesure qu'elles gagnaient du terrain, il combattit avec plus d'égalité. Aussitôt tout change
de face. Les Anglais, poussés avec vigueur, lâchent le
pied, tournent le dos, et mettent en désordre le reste de
leurs gens. Henri, qui s'était toujours tenu hors de la
portée du trait, allait être entraîné, lorsque Richard, son
frère, pour le sauver, quitta ses armes, et s'avança seul,
un simple bâton à la main, demandant à parler au comte
d'Artois. Plein de modération jusque dans le sein de la
victoire, Louis combla de caresses le prince anglais; et, à
sa prière, il accorda aux ennemis une suspension d'armes.

Telle fut cette illustre journée de Taillebourg, éternel
monument de la capacité militaire et de la valeur de Louis;
ainsi furent préparées par avance la victoire de Saintes,
la soumission du comte de la Marche, celle du comte de
Toulouse, et la trêve accordée à l'Angleterre.

Générosité de saint Louis.

1243.

Loin de chercher à accabler un ennemi vaincu, le saint
roi lui accorda généreusement une trêve de cinq années.
Rien de plus heureux ne pouvait arriver aux seigneurs de
la suite de Henri : tous étaient réduits à la dernière
misère, et quittèrent l'armée sans congé pour regagner

leur pays. Mais, n'osant s'embarquer en Gascogne, parce que le comte de Bretagne infestait la Manche, ils firent demander des passeports, qui leur furent, pour ainsi dire, prodigués. *C'est une sorte de grâce,* disait Louis, *que je ne refuserai jamais à mes ennemis.* Ils traversèrent donc la France pour se rendre à Calais, et ils en furent quittes pour quelques railleries qu'il leur fallut essuyer. Certains courtisans voulurent aussi mêler Henri dans leurs plaisanteries ; Louis leur imposait silence : *Quand ce ne serait point,* dit-il, *fournir au roi mon frère un prétexte de me haïr, sa dignité mérite bien qu'on parle de lui avec respect. Il faut espérer que les aumônes et les bonnes œuvres qu'on lui voit faire le tireront du mauvais état où les méchants l'ont jeté par leurs conseils imprudents.* Sentiments vraiment dignes d'un héros, qui trouve toujours des motifs de pardonner à un ennemi malheureux. Le saint monarque fit plus encore, il usa des plus rudes menaces pour obliger le comte de Bretagne à laisser la mer libre. Le roi d'Angleterre en profita pour retourner dans son royaume, où il arriva dénué de tout, et chargé de dettes immenses, au lieu des lauriers qu'il s'était promis.

Arrivée de saint Louis en Égypte.

1249.

Une dangereuse maladie avait, en 1244, conduit saint Louis aux portes du tombeau ; et ce pieux monarque avait promis au ciel que, s'il recouvrait la santé, il prendrait la croix et irait combattre contre les mahométans. Ce fut en 1248 que, pour accomplir son vœu, il s'embarqua au port d'Aigues-Mortes. Après avoir passé l'hiver dans l'île de Chypre, il mit à la voile pour l'Egypte en 1249.

Le sultan, averti par ses sentinelles qu'on découvrait sur la mer une forêt de mâts, envoya quatre galères pour reconnaître ce que c'était. Trois, accablées des pierres que lançaient les machines des vaisseaux, furent coulées à fond avec leurs équipages; la quatrième eut le bonheur d'échapper, et alla porter la nouvelle que le roi de France arrivait, suivi d'un grand nombre d'autres princes. En un instant la côte se trouva bordée de toutes les troupes du soudan, qui les commandait en personne.

La flotte française passa la nuit à l'ancre. Le lendemain, dès le point du jour, elle s'approcha de la plage, et les troupes se jetèrent dans une infinité de bâtiments plats que le roi avait fait faire en Chypre, et voguèrent fièrement vers le rivage. Louis, pour donner l'exemple, descendit le premier dans sa barque, afin d'animer les soldats par cette vue. Une chaloupe précédait le monarque : c'était celle qui portait l'oriflamme : elle était environnée de quantité d'autres que montaient les princes frères du roi et les plus grands seigneurs. Instruit que l'esquif qui portait l'oriflamme avait gagné le rivage, le saint roi, transporté de cette valeur héroïque qu'il a portée au plus haut degré, sortit de son vaisseau malgré les efforts du légat qui voulait le retenir. Il se jeta à la mer où il eut de l'eau jusqu'aux épaules, et s'en alla droit aux ennemis l'écu au cou, son heaume en tête et son glaive au poing. L'exemple du monarque était un ordre pour les Français. Aussitôt la plage retentit du cri ordinaire : *Montjoie saint Denis!* Tout le monde, princes, chevaliers, soldats, se précipitèrent à travers les vagues; et, en dépit de la vigoureuse résistance des Sarrasins, ils prirent terre de tous côtés. Le roi aborda bientôt au rivage au milieu d'une grêle de flèches qui couvrit toute son armée, mais qui ne l'empêcha pas de se prosterner un moment pour rendre grâce à Dieu d'un commencement si favorable. Déjà il se mettait en devoir d'aller charger les Sarrasins, lorsque ses gens le firent arrêter jusqu'à ce que son bataillon fût formé. Partout l'attaque fut la même, partout le succès fut égal. Les Egyptiens, après une opiniâtre résistance, se virent enfin forcés de se retirer en désordre, laissant un grand nombre des leurs sur la place. Ils ne furent pas plus heureux sur la mer : leurs navires, maltraités, plièrent non sans avoir combattu durant plusieurs heures, et les croisés demeurèrent maîtres de l'embouchure du Nil. Louis cependant avait rangé ses troupes en bataille à mesure qu'elles abordaient : il se mit à leur tête et marcha droit aux Sarrasins, qui s'étaient renfermés dans leurs retranchements. Ce ne furent d'abord que de simples escarmouches; mais bientôt l'action devint générale. On se battit de part et d'autre avec fureur : les Égyptiens, pour effacer les premières taches de cette journée; les Français, pour ne pas se laisser arracher les lauriers qu'ils venaient de cueillir. Ces braves croisés se surpassèrent en quelque sorte eux-mêmes, à l'exemple de leur saint roi, qu'on voyait toujours le premier partout, et qui, dans cette grande occasion, si l'on en croit les auteurs du temps, fit des choses qui annoncent plus qu'un simple mortel. Le carnage fut grand du côté des infidèles, qui perdirent, entre autres, le commandant de Damiette, et deux autres émirs fort distingués. Enfoncés de toutes parts, ils abandonnèrent une seconde fois le champ de bataille, et se sauvèrent dans la ville. On ne compte parmi les croisés que cinq ou six hommes tués ou noyés; Hugues de Lusignan, comte de la Marche, fut le premier seigneur de marque qui tomba sous les coups des ennemis.

C'est ainsi que, deux fois vainqueur en un seul et même jour, Louis demeura maître de la rive occidentale du Nil, du pont qu'on négligea de rompre entièrement, et de la principale embouchure de ce fleuve si fameux.

Belle réponse de saint Louis.

1240.

Saint Louis s'étant rendu maître de Damiette, Melech-Sala, soudan d'Égypte, quoique mourant et dépouillé

d'une place qu'on regardait comme le salut de l'Etat,
n'avait rien perdu de sa fierté. Il écrivit au roi : « que
» cette quantité de vivres et d'instruments d'agriculture
» dont il avait chargé ses vaisseaux devenait une précau-
» tion fort inutile; que c'était à lui de faire les honneurs
» de son pays; qu'il s'engageait enfin à fournir aux
» Français assez de blé pour le séjour qu'ils devaient faire
» dans son royaume. » Louis crut se devoir à lui-même
d'oublier pour un moment la modestie qui lui était naturelle : il répondit en grand roi « qu'il avait pris terre en
» Egypte au terme qu'il s'était lui-même marqué, mais
» qu'il ne s'en était point encore fixé pour le retour. »
Bientôt les infidèles eurent rassemblé toutes leurs forces.
Alors le fier sultan envoya offrir la bataille, indiqua le
vingt-cinquième de juin, et laissa le choix du lieu. La réponse du saint monarque fut : « qu'il n'acceptait aucun
» jour préfix, parce que c'était excepter les autres ; qu'il
» défiait Malech-Sala pour le lendemain comme pour tous
» les autres jours; qu'en quelque endroit et à quelque
» heure qu'ils se rencontrassent, il le traiterait en ennemi
» jusqu'à ce qu'il pût le regarder comme son frère. »

Héroïsme de saint Louis.

1250.

La disette et les maladies contagieuses désolaient l'armée
française en Egypte. La bonne fortune n'avait point élevé
le cœur du roi, sa mauvaise fortune ne fut point capable
de l'abattre. Il donnait ordre à tout, voyait tout par lui-
même. Ce fut en vain que les seigneurs de sa suite lui
représentèrent qu'il exposait sa vie en visitant chaque
jour des malheureux attaqués d'un mal pestilentiel; il se
borna à leur répondre qu'il n'en devait pas moins à ceux
qui tous les jours s'exposaient pour lui. Il leur portait des

remèdes, les soulageait de son argent, les consolait par ses exhortations. Guillaume de Chartres, l'un de ses chapelains, rapporte qu'étant allé disposer à la mort un ancien valet de chambre du pieux monarque, nommé Gaugelme, serviteur fidèle et très chéri : « J'attends mon saint maître, dit le moribond ; non, je ne mourrai point que je n'aie eu le bonheur de le voir. » Le monarque arriva dans le moment ; il lui parla avec autant de piété que de tendresse ; et, à peine fut-il sorti, que le malade expira dans les sentiments de la plus parfaite résignation. Mais l'événement ne justifia que trop ce que toute l'armée avait prévu ; le saint roi fut attaqué du même mal, auquel se joignit une violente dyssenterie.

Magnanimité de saint Louis.

1250.

Saint Louis avait été fait prisonnier par les Sarrasins ; ceux-ci demandaient pour sa rançon et pour celle des seigneurs qui partageaient sa captivité, toutes les places que les chrétiens possédaient encore dans la Palestine. Les chevaliers français rejetèrent cette condition, parce que ces places appartenaient à l'empereur d'Allemagne, aux Templiers ou aux Hospitaliers, qui ne consentiraient jamais à s'en dessaisir. Les infidèles firent les mêmes propositions au roi, et reçurent de lui les mêmes réponses. Alors, transportés de rage, ils le menacent de le mettre en *bernicles*. C'était une sorte de machine composée de deux pièces de bois qu'on appelait *tisons ;* elles se joignaient par le haut et s'élargissaient par le bas, où l'on avait ménagé plusieurs trous. Les criminels destinés à cet effroyable supplice étaient étendus sur un lit, attachés par le cou vers la jonction du fatal instrument, les jambes extrêmement écartées dans les ouvertures nommées *chevilles*, et liées avec des nerfs et des cordes; ensuite un homme assis sur l'extrémité d'un ais qu'on avait pratiqué au-dessus, le rabattait avec violence sur le patient, *dont il avenait, dit Joinville, qu'il ne lui d meurait point demi-pied d'ossement qu'il ne fût tout desrompu et escaché.* C'est cette question, aussi douloureuse qu'infâme, dont un barbare osa menacer le plus grand roi du monde. Louis, toujours égal à lui-même, répondit avec magnanimité : *Je suis prisonnier du sultan, il peut faire de moi à son vouloir.*

Danger et courage de saint Louis.

1250.

La paix était conclue entre les croisés et les Egyptiens; on était convenu de donner la ville de Damiette pour la rançon du roi de France, et huit cent mille besans d'or pour celle des soldats chrétiens. Tout-à-coup ce traité se trouva rompu par la mort du soudan d'Egypte, que les Mamelucks assassinèrent. L'un de ces brigands fendit en deux le malheureux prince; il lui arracha le cœur; et, les mains encore ensanglantées, il entra dans la tente où était saint Louis : *Que me donneras tu, lui dit-il, pour t'avoir défait d'un ennemi qui t'eût fait mourir s'il eût vécu?* Louis, plus touché d'horreur que de crainte, parut immobile, et ne daigna pas répondre. Alors le barbare tirant son épée et lui en présentant la pointe : *Choisis, poursuivit-il, ou de périr de ma main, ou de me donner dans le moment l'ordre de chevalerie. — Fais toi chrétien,* répliqua l'intrépide monarque, *et je te ferai chevalier.* Une si grande fermeté étonna le musulman, qui, sans insister davantage, se retira.

Peu après une troupe de ces scélérats entra avec confusion, l'épée nue et fumante encore du sang de leur prince. Leur démarche, leurs cris, la fureur qui paraissait peinte dans leurs yeux, sur leur visage et dans toute leur personne, n'annonçaient rien que de funeste. Louis, sans rien perdre de cet air majestueux qui inspirait le respect, même aux plus barbares, laissa tranquillement rugir ces bêtes féroces, ne montrant ni moins de calme ni moins de dignité que s'il eût été à quelque cérémonie d'éclat au milieu de ses barons. Cette constance héroïque lui attira l'admiration de ces infâmes parricides : ils s'adoucirent tout-à-coup, et, se prosternant jusqu'à terre : « Ne craignez rien, seigneur, lui dirent-ils, vous êtes en sûreté : il fallait que les choses se passassent comme elles se sont passées ; nous ne vous demandons que l'exécution du traité, et vous êtes libre. »

Bel exemple donné par saint Louis.

1253.

Le saint roi profita de sa liberté pour se rendre en Palestine. D'abord en paix, ensuite en guerre avec le soudan de Damas, il le combattit tantôt avec bonheur, tantôt sans succès. Le prince mahométan vint l'attaquer dans Sidon, et le contraignit de se retirer dans la citadelle de cette place. Le soudan, peu satisfait de raser les fortifications naissantes de cette malheureuse cité, fit encore égorger plus de deux mille chrétiens sans défense. Leurs corps, sans sépulture, demeuraient exposés depuis quatre jours dans la campagne ; déjà corrompus, ils exhalaient une puanteur insupportable. Louis, à cette vue, sent son cœur s'attendrir ; il appelle le légat ; il lui fait bénir un cimetière ; ensuite, relevant de ses propres mains un de ces cadavres : « Allons, dit-il à ses courtisans, allons enterrer les martyrs de Jésus-Christ. » Il força les plus délicats à en faire autant : cinq jours y furent employés. Ensuite il donna ses ordres pour le rétablissement de

Sidon. Tous les matins il était le premier au travail ; et l'ouvrage fut achevé avec une extrême dépense, malgré le naufrage d'un vaisseau qui lui apportait des sommes considérables. Lorsqu'il en reçut la nouvelle, il dit ces paroles mémorables : « Ni cette perte, ni autre quelconque ne sauraient me séparer de la fidélité que je dois à Dieu. »

Résignation de saint Louis.

1253.

Le roi était à Sidon, d'autres disent à Jafa, lorsqu'on y reçut des lettres qui annonçaient la mort de sa mère. Le légat en fut le premier instruit, et il crut devoir prendre des mesures avant que d'apprendre au monarque une si affligeante nouvelle. Il se fait accompagner de l'archevêque de Tyr et de Geoffroy de Beaulieu ; il va trouver Louis, et lui demande une audience particulière, en présence de deux autres, l'un son garde des sceaux, l'autre son confesseur. Le saint roi connut au visage du prélat qu'il avait quelque mauvaise nouvelle à lui apprendre, et le mena dans sa chapelle. Alors le pontife lui exposa les grandes obligations qu'il avait à Dieu, pour en avoir reçu une si bonne mère qui l'avait élevé si pieusement, et qui avait gouverné son royaume avec tant de zèle et de prudence. « Hélas ! sire, ajouta-t-il, elle n'est plus, cette illustre reine ; la mort vient de vous l'enlever. » On ne peut exprimer le sentiment de tristesse dont le cœur de ce tendre fils fut pénétré. Le premier mouvement de sa douleur lui fit jeter un grand cri et verser un torrent de larmes ; mais, revenu à lui dans le même instant, il se jette à genoux devant l'autel, et dit en joignant les mains : « Je vous rends grâces, ô mon Dieu ! de m'avoir conservé jusqu'ici une mère si digne de votre affection. C'était un

présent de votre miséricorde; vous le reprenez comme
votre bien; je n'ai point à m'en plaindre; mais puisqu'il
vous plaît de me l'ôter, que votre nom soit béni dans tous
les siècles. »

Générosité de saint Louis.

1254.

Saint Louis revenait de la Palestine en France, lorsque
son vaisseau toucha deux fois, et perdit trois toises de sa
quille. Les plongeurs conseillèrent au monarque de passer
sur un autre navire. « Dites-moi, leur dit-il, sur la foi et
» loyauté que vous me devez, si le vaisseau était à vous,
» et chargé de riches marchandises, l'abandonneriez-vous
» en pareil état? — Non, sans doute, répliquèrent-ils
» d'une voix unanime; nous aimerions mieux hasarder
» tout que de faire une perte si considérable. — Pourquoi
» donc me conseillez-vous d'en descendre? — C'est,
» reprirent-ils, que la vie de quelques malheureux matelots
» importe peu à l'univers; mais rien ne peut égaler le
» prix d'une vie comme celle de votre majesté. — Or
» sachez, dit le généreux prince, qu'il n'y a personne ici
» qui n'aime son existence autant que je puis aimer la
» mienne : si je descends, ils descendront aussi; et, ne
» trouvant aucun bâtiment qui puisse les recevoir, ils se
» verront forcés de demeurer dans une terre étrangère,
» sans espérance de retourner dans leur pays. C'est pour-
» quoi j'aime mieux mettre en la main de Dieu ma vie,
» celle de la reine et de nos trois enfants, que de causer
» un tel dommage à un si grand peuple. » Il n'appartient
qu'aux héros véritablement chrétiens de donner ces
grands exemples de générosité. C'est par de semblables
vertus que Louis s'acquit sur tous les cœurs un empire

plus puissant encore et plus glorieux que celui qu'il devait à sa naissance.

Saint Louis choisi pour arbitre entre le roi d'Angleterre et ses barons.

1263.

Forcé par ses barons révoltés, Henri III, roi d'Angleterre, avait d'abord accordé le covenant d'Oxford, ensuite il l'avait révoqué, et la guerre avait bientôt éclaté entre le prince et les seigneurs. Quelques personnes sages des deux partis cherchèrent différentes voies de conciliation, mais toujours inutilement. On était convenu que toute la cour et les principaux ligués se trouveraient à Boulogne, pour y discuter leurs prétentions réciproques devant le saint roi Louis. On s'y rendit en effet de part et d'autre; on disputa beaucoup, on ne conclut rien. On proposa enfin de s'en remettre à l'arbitrage du prince français, et de se soumettre sans restriction à ce qu'il ordonnerait. Henri l'accepta sans peine, les barons avec répugnance, ne voulant point d'un roi pour juge dans une cause qui semblait être celle de tous les rois. Tout le monde cependant y consentit. Louis voulut bien se charger de l'arbitrage, et convoqua l'assemblée dans la ville d'Amiens. Le roi et la reine d'Angleterre s'y rendirent au jour marqué, et les barons y envoyèrent leurs députés. L'affaire fut agitée de part et d'autre avec beaucoup de force. Le prince français, pleinement instruit de la nature des articles contestés, et sensiblement touché des maux qui en étaient la conséquence, prononça en ces termes, qui marquent un juge souverain et absolu, le célèbre arrêt qui tenait l'Angleterre, la France et l'Europe en suspens.

« Au nom du Père, et du Fils, et du Saint-Esprit, nous

annulons et cassons tous les statuts arrêtés dans le parlement d'Oxford, comme des innovations préjudiciables et injurieuses à la dignité du trône ; déchargeons le roi et les barons de l'obligation de les observer ; déclarons nul et de nulle valeur tout ce qui a été ordonné en conséquence ; révoquons et supprimons toutes les lettres que le roi peut avoir données à ce sujet ; ordonnons que toutes les forteresses seront remises en sa puissance et en sa disposition ; voulons qu'il puisse pourvoir à toutes les grandes charges de l'Etat, accorder retraite aux étrangers dans son royaume, appeler indifféremment à son conseil tous ceux dont il connaîtra le mérite et la fidélité ; décernons et statuons qu'il rentrera dans tous les droits légitimement possédés par ses prédécesseurs ; que de part et d'autre on oubliera le passé ; que personne ne sera recherché ni inquiété ; n'entendons pas néanmoins déroger, par ces présentes, aux priviléges, chartes, libertés et coutumes qui avaient lieu avant que la dispute se fût élevée. »

On sent la sagesse d'un arrêt qui, en proscrivant les innovations de toute espèce, mettait à couvert les droits du prince et les priviléges de la nation. Plusieurs en effet, frappés de l'équité d'un jugement qui condamnait l'usurpation, sans rien retrancher de ce qui était dû incontestablement, renoncèrent à la ligue, et rentrèrent dans le devoir.

Victoire de Philippe-le-Bel sur les Flamands.

1304.

Philippe-le-Bel avait fait prisonnier le comte de Flandre avec trois de ses fils ; il avait conquis ce vaste fief, et l'avait réuni à sa couronne en 1299. En 1302, l'imprudente sévérité de Jacques de Châtillon lui avait fait perdre une acquisition aussi importante, et l'impétueuse valeur du comte d'Artois, à la bataille de Courtrai, ne put qu'ajouter à une perte déjà si douloureuse.

Après quelques inutiles tentatives pour réparer tant de désastres, Philippe-le-Bel, à la tête de douze mille chevaux et de cinquante mille hommes d'infanterie, entra dans la Flandre en 1304. Les ennemis, sous la conduite de Philippe, fils du dernier comte de ce pays, étaient campés à quelque distance de Mons en Puelle. Le monarque s'avança jusqu'à deux lieues de cette dernière place, et fort près des rebelles, qui s'étaient retranchés en faisant de leurs chariots une barricade en rond, qui avait près d'une lieue et demie de tour. Le roi prit le parti de les affamer dans leur camp, ce qui ne l'empêcha pas d'envoyer contre eux un corps d'infanterie avec des pierriers, qui eurent bientôt rompu une partie de la palissade.

La nuit suivante, les Flamands envahirent à l'improviste le camp des Français, massacrèrent ou mirent en fuite tous ceux qu'ils rencontrèrent, et parvinrent même jusqu'à la tente du roi. Cet invincible prince fut le salut de son armée. La rage peinte sur le visage des assaillants, leurs rugissements, leur nombre, la fuite même de ses braves, rien ne fut capable de l'ébranler : il mit l'épée à la main, arrêta quelque temps la fureur de ces forcenés, qui ne le connaissaient point, parce qu'il n'avait pas sa cotte d'armes, et rendit le courage à ceux qui l'entouraient. Alors, assisté de vingt gentilshommes seulement, il soutint un merveilleux combat contre une multitude effroyable. Tous rangés autour de leur souverain, ces gentilshommes s'efforçaient à l'envi de lui servir de bouclier, et bientôt ils lui eurent fait une espèce de rempart des corps de tous ceux qui étaient tombés sous leurs coups. Mais, épuisés de fatigue, tout couverts de blessures, étouffés par la poussière, plusieurs expirèrent aux pieds du roi, qui se défendait toujours avec une admirable valeur. Cependant le comte de Valois rallia un corps de cavalerie, et vint à toute bride rejoindre le roi son frère. Philippe-le-Bel, dégagé par ce secours qu'il n'espérait presque plus, sauta sur un cheval, chargea l'infanterie flamande, qui était en désordre, lui passa plusieurs fois sur le ventre, et ne cessa de tuer et de poursuivre que la nuit ne l'eût forcé de sonner la retraite. Il demeura six mille Flamands sur la place ; Mézeray dit trente-six mille. Tous leurs chariots furent pris, et le reste de leur armée ne se sauva qu'à la faveur des ténèbres.

Bel acte de justice de Philippe V, dit le Long.

Le prévôt de Paris, Henri Capetal, originaire de la Picardie, détenait dans les prisons du Châtelet un riche coupable d'homicide. Le crime était si notoire, qu'il ne laissait aucun lieu à la faveur, et le criminel fut condamné à mort d'une voix unanime; mais il offrait de grosses sommes pour se soustraire au supplice si justement mérité. L'avide magistrat, ébloui par l'éclat de l'or, imagina, pour le délivrer, un moyen non moins abominable qu'étrange. Il choisit un prisonnier innocent, mais pauvre, il le fit pendre sous le nom du riche, et remit le riche en liberté sous le nom du malheureux supplicié. Bientôt l'iniquité fut découverte. Le roi, saisi d'indignation, nomma des commissaires pour procéder contre le juge prévaricateur : il fut convaincu, et pendu au même gibet que son innocente victime.

Succès de Philippe VI en Flandr

1328.

Louis, comte de Flandre, de Nevers et de Rhetel, se rendit auprès de Philippe VI, pour implorer sa protection contre des sujets rebelles qui l'avaient chassé de ses états.

Prompt à le secourir, le roi alla prendre l'oriflamme à Saint-Denis : et, à la tête de trente mille hommes, il se rendit en Flandre, où il investit la ville de Cassel. L'armée des rebelles, toute composée de fantassins, paysans, pêcheurs ou artisans, avait pour général un marchand de poisson nommé Colin Zannequin ou Dannequin, homme hardi, en qui l'audace et la ruse semblaient suppléer à l'expérience militaire. Jamais on ne vit rien de plus déterminé ni de plus insolent que cette populace ramassée, campée et retranchée à la vue de Cassel où il était impossible de l'attaquer. Elle osa faire arborer sur une des tours de la ville une espèce d'étendard sur lequel elle avait fait peindre un coq avec ces mots :

> *Quand ce coq chanté aura,*
> *Le roi Cassel conquérera.*

Zannequin cependant allait tous les jours au camp des Français, portant du poisson qu'il donnait à un prix modique, pour se concilier la confiance de l'armée, et pour avoir plus de liberté d'observer ce qui s'y passait. La garde s'y faisait avec tant de négligence, que l'audacieux Flamand forma le dessein d'enlever le roi avec tout son quartier. La veille de saint Barthélemi, sur les deux heures après midi, temps où les Français prenaient leur repos, il partage ses troupes en trois corps : il ordonne à l'un de marcher droit au quartier du roi de Bohême ; il commande à l'autre de s'avancer contre le corps de bataille qui était aux ordres du comte de Hainaut ; il se met lui-même à la tête du troisième ; il entre dans le camp sans pousser le cri de guerre accoutumé et perce jusqu'à la tente du roi, où la garde ne se faisait pas avec plus de soin. A l'aspect des Flamands, on s'imagina que c'était un renfort qui venait rejoindre le monarque. Le sire Renaud de Lor, noble chevalier, alla au-devant d'eux dans cette pensée ; quoiqu'il les crût de l'armée française, il ne laissa pas de les gronder amicalement de ce qu'ils troublaient le sommeil de leurs amis. On ne lui répondit que par un coup de javelot qui le renversa mort. Ce fut comme le signal du combat. Les rebelles tirent aussitôt l'épée, et commencent à faire main-basse sur tout ce qui se rencontre. L'alarme se répand aussitôt dans le camp, de grands cris annoncent le danger de l'armée ; chacun court aux armes. Informé du péril, le roi refuse d'abord d'y ajouter foi ; convaincu enfin de la vérité, il veut se faire armer. Malheureusement le désordre était si extrême, qu'il ne se trouva ni chevalier, ni écuyer pour lui rendre ce service ; tous avaient pris la fuite, ou ne songeaient qu'à se mettre eux-mêmes en état de défense ; les clercs de sa chapelle y suppléèrent. Sur-le-champ il monte à cheval, et veut marcher droit aux assaillants ; mais Milès des Noyers, qui portait l'oriflamme, arrète Philippe, lui conseille d'attendre que sa troupe soit grossie, et de chercher cependant à tourner l'ennemi, pour le prendre ensuite en flanc. Le roi suit ce conseil. En même temps le brave chevalier lève l'étendard royal en un lieu d'où il pouvait être vu de fort loin : à ce signal, toute la cavalerie se rassemble et se range auprès de son prince. Les Flamands sont enveloppés, enfoncés, taillés en pièces, et laissèrent dix-neuf mille neuf cents hommes sur le champ de bataille. Les Français ne perdirent que dix-sept hommes, mais beaucoup de chevaux. Philippe, de retour dans sa tente, y fit chanter le *Te Deum* avant de quitter ses armes, reconnaissant qu'il ne tenait que de Dieu seul l'heureux succès d'une journée qui pouvait avoir des suites si funestes.

La Flandre, matée par cet échec, demeura à la merci du vainqueur. Cassel fut pris, rasé et réduit en cendres ; Ypres se rendit à discrétion, donna cinq cents ôtages pour être conduits à Paris, bannit tous les chefs de la conspiration, et se démantela elle-même : Bruges livra mille ôtages ; les autres villes à proportion ; on abolit tous les priviléges.

Les Flamands, humiliés, ployaient sous le joug de leur

maître. Le roi fit venir le comte Louis, et, en présence des principaux seigneurs de l'armée, il lui dit : « Beau cousin, je suis venu ici sur votre prière : peut-être avez-vous donné occasion à la révolte par votre négligence à rendre justice à vos peuples; c'est ce que je ne veux point examiner pour le moment. Il m'a fallu faire de grandes dépenses pour une telle expédition; j'aurais droit de prétendre à quelque dédommagement; mais je vous tiens quitte de tout, et je vous rends vos états soumis et pacifiés. Gardez-vous bien de nous forcer à revenir une seconde fois pour un pareil sujet. Si votre mauvaise administration m'y obligeait, ce serait moins pour vos intérêts que pour les miens.

Ce fut ainsi que Philippe VI sut allier à la gloire du triomphe celle du désintéressement.

Parole sublime de Philippe VI.

1348.

Après la funeste bataille de Crécy, Philippe VI arriva au milieu de la nuit au château de Broye; le châtelain lui demanda qui il était. *Ouvrez*, répondit le monarque, *c'est la fortune de la France.*

Jean II, dit le Bon, arbitre entre les ducs de Lancastre et de Brunswick.

1352.

Déjà célèbre par les victoires qu'il avait remportées sur les Anglais quand il n'était encore que duc de Normandie, le roi Jean II dut à sa réputation de bravoure et de géné-

rosité l'honneur d'être pris pour juge entre deux princes
qui n'étaient point de ses sujets. Le duc de Lancastre,
accusé par le duc de Brunswick d'avoir tenu des propos
injurieux, avait donné un démenti public à cette accusa-
tion, et jeté son gage de bataille. Le duc de Brunswick, en
qualité de demandeur, avait le droit de choisir pour juge
le prince devant lequel il prétendait que la querelle fût
vidée. Il s'adressa pour cet effet au roi Jean, et fit signifier
à l'Anglais qu'ils se trouveraient à Paris, et que là ils dé-
cideraient leur différend les armes à la main. Le duc de
Lancastre obtint du roi d'Angleterre, Edouard, la permission de se rendre à la cour de France pour défendre son
honneur. Ces deux rivaux comparurent dans une lice qui
avait été préparée dans le pré aux Clercs, hors des murs
de la ville, du côté de l'abbaye de Saint-Germain, lieu où
se livraient ordinairement ces sortes de combats. Après
qu'ils eurent fait les serments accoutumés en semblables
occasions, ils montèrent à cheval et tirèrent leurs épées.

Déjà l'on avait donné aux assaillants le signal d'en venir
aux mains, lorsque le roi Jean, qui, en qualité de juge,
assistait à ce spectacle avec toute sa cour, les empêcha
d'aller plus avant, et de mesurer leurs forces. Satisfait du
courage égal des deux parties, il prit la querelle sur lui,
et se chargea du soin de les réconcilier. Cette médiation
est d'autant plus glorieuse pour ce monarque, qu'en pré-
servant le duc de Lancastre des suites incertaines d'un
combat dans lequel il pouvait succomber, le roi de France
se montrait soigneux de la conservation d'un de ses plus
dangereux ennemis.

Intrépidité du roi Jean II.

1356.

La bataille de Poitiers était définitivement perdue ; mais les plus grands exploits signalèrent encore notre infortune, et firent expier aux Anglais leur surprenante victoire. Méprisant la honteuse désertion de plus des deux tiers de son armée, le monarque français sentit redoubler son courage : jamais il ne se montra si grand ni si digne de commander à des hommes généreux. Il donna ses ordres avec tranquillité, rangea les troupes qui lui restaient, et présenta un front immobile au choc de l'ennemi. La rencontre de ces deux corps fut terrible. Aucun des deux partis ne put s'attribuer le prix du courage dans cette sanglante mêlée ; on combattit avec un acharnement égal ; on se disputait pied à pied le terrain, jonché de blessés, de morts et de mourants.

Les Français firent des prodiges de valeur : attaqués de tous côtés, foulés par les chevaux des ennemis, ils donnaient ou recevaient la mort avec la même intrépidité. Le roi les animait par sa présence, et plus encore par son exemple. Philippe, le plus jeune de ses fils, était à ses côtés : ce prince, à sa treizième année, combattit avec une ardeur qu'on n'aurait pas attendue de la faiblesse de son âge ; il s'opposait aux coups qu'on adressait à son père, il lui faisait un rempart de son corps : il fut blessé en s'acquittant de ce noble devoir. Déjà le connétable et le duc de Bourbon étaient tombés couverts de blessures ; la bannière de France était étendue par terre entre les bras du sire de Charni, qui n'avait pas voulu la quitter même en expirant. Les Français s'éclaircissaient à vue d'œil : le roi, environné de morts et de blessés, se montrait supérieur à sa disgrâce ; il ralliait autour de lui le peu d

seigneurs français qui vivaient encore. Une hache à la
main, ce monarque effrayait ceux des ennemis qui osaient
l'approcher : chaque coup qu'il portait était un coup
mortel ; on eût dit qu'en ce moment ce prince voulait seul
arracher la victoire à la multitude qui l'accablait. En
vain lui criait-on de tous côtés : *Sire, rendez-vous*, il ne
répondait à cette invitation que par de nouveaux efforts.
Enfin, épuisé d'un combat si opiniâtre et si violent, atteint
de deux blessures au visage (car son casque était tombé
dans la chaleur de l'action), il se rendit à un chevalier
français banni de sa patrie pour un meurtre qu'il avait
commis dans une guerre particulière.

Fidélité de Jean II à sa parole.

1360.

Immédiatement après sa délivrance, Jean II se mit en
devoir d'acquitter les engagements qu'il avait pris à l'égard
de l'Angleterre. Ce fut alors que, rejetant toutes les voies
qu'on lui présentait pour éluder les conditions du traité le
plus désavantageux que jamais roi de France eût signé, il
mit en pratique cette maxime digne à jamais de présider
à toutes les actions des souverains : « Si la justice et la
bonne foi étaient bannies du reste du monde, il faudrait
encore qu'on retrouvât ces vertus dans la bouche et dans
le cœur des rois. » Les commissaires députés par Edouard
pour recevoir les places et les provinces cédées, n'essuyè-
rent de la part du monarque français ni difficulté ni refus.
Vainement, indignée de se voir arrachée à la domination
de son prince légitime pour passer sous un joug étranger,
une partie de la nation opposa-t-elle les plus fortes
instances, Jean, toujours esclave de sa parole, ne répondit
aux prières et aux gémissements de ses peuples qu'en leur

représentant la bonne foi des traités, et la nécessité indis
pensable d'immoler leurs inclinations au bien de la paix

Attachement des Français à Jean.

1360.

Lorsqu'il fut question de mettre les Anglais en possession des villes et des territoires exprimés dans les conven-
tions, les nobles et les gens du peuple marquèrent un égal
éloignement. Les la Marche, les Comminge, les Périgord,
les Châtillon, les Carming, les Pincornet, les de Foix, les
d'Armagnac, les d'Albret, tous les seigneurs et gentilshommes qui leur étaient attachés, ne purent apprendre sans
frémir qu'ils allaient changer de maître. Ils représentèrent
unanimement qu'ils ne reconnaissaient point d'autre souverain que le roi, qu'ils étaient inséparablement réunis à la
monarchie française. Ils rapportaient leurs chartes et leurs
priviléges, consacrés par tous nos rois depuis Charlemagne; tous regardaient comme un avilissement insupportable de reconnaître une autre domination que celle de
leur prince légitime.

Le roi, pénétré de cette généreuse résistance, gémissait
dans le fond de son cœur. Les peuples des villes ne témoi-
gnèrent pas un moindre attachement; il fallut employer
les raisons les plus pressantes pour les déterminer. Les
habitants de La Rochelle refusèrent de se soumettre pendant plus d'une année : ils ne voulaient permettre l'entrée
de leur ville à aucun Anglais. Ils répondirent à toutes les
protestations du roi par les plus vives protestations de zèle
et de fidélité; ils le supplièrent « pour Dieu de ne point
les quitter de leur foi, de ne point les ôter de son domaine, »
protestant qu'ils aimeraient mieux donner tous les ans la
moitié de leurs revenus, que d'être sujets du roi d'Angleterre. Enfin, voyant qu'ils ne pouvaient changer leur

destinée, ils se soumirent, et voici leur dernière réponse au roi : « Nous obéirons des lèvres aux Anglais, mais nos cœurs ne s'en mouveront. » C'est surtout par ces exemples de sensibilité que notre nation s'est rendue recommandable dans tous les temps. Les peuples, d'abord mécontents du roi, avaient paru assez indifférents aux malheurs de l'Etat ; mais lorsqu'ils virent qu'il fallait changer de domination, ils sentirent alors se réveiller dans leurs cœurs cette affection naturelle pour leur souverain ; ils oublièrent tous les sujets de plainte qu'ils croyaient avoir, et ne virent plus dans le changement de condition dont ils étaient menacés, que la séparation malheureuse éprouvée par des enfants qu'on arracherait des bras paternels. C'est sur ces rapports mutuels de bonté, de confiance et d'amour que doivent principalement se fonder la gloire du monarque, le bonheur du peuple, et la sécurité des états.

Héroïque loyauté de Jean II.

1363.

Les ducs d'Orléans, d'Anjou, de Berri et de Bourbon avaient été donnés en ôtage aux Anglais pour leur garantir l'exécution du traité de Brétigny. Ne pouvant rester plus longtemps éloigné de sa patrie, le duc d'Anjou y revint avant l'accomplissement des conditions mises à sa liberté. Le roi fut extrêmement sensible à cette faute ; délicat sur l'honneur plus qu'aucun prince de son temps, il résolut de réparer l'évasion de son fils, en se remettant lui-même aux mains d'Edouard. Ce remède violent n'était assurément pas dicté par la prudence, mais il était bien digne de la franchise et de la générosité du roi. Toutes les représentations qu'on put lui faire ne furent pas capables de l'ébranler. Ayant reçu un sauf-conduit du monarque anglais, il se rendit à Boulogne, où il s'embarqua pour aller reprendre ses fers.

Du Guesclin récompensé par Charles V.

1370.

Du Guesclin s'était signalé contre les Anglais en une infinité de rencontres; lorsqu'il arriva à Paris, sa présence y répandit une joie universelle. Le roi avait envoyé au-devant de lui le seigneur Bureau de La Rivière, son chambellan. Il entra dans la capitale aux acclamations du peuple : *on cria Noël*, ce qui, jusqu'alors, n'avait été en usage que pour les rois. Charles V reçut le chevalier breton à l'hôtel Saint-Paul, où il vint descendre. Le monarque lui déclara, en présence de toute sa cour, qu'il l'avait choisi pour commander ses armées ; il lui présenta en même temps l'épée de connétable. Tous les princes et les seigneurs présents applaudissaient de concert au choix que le roi venait de faire, lorsque Du Guesclin, avec une noble franchise, supplia son souverain d'honorer de cette dignité quelqu'un qui le méritât mieux que lui. « Noble roi, chier sire, lui dit-il, si vous prie chièrement que vous me déportiez de cet office, et le baillez à un autre qui plus volontiers le prendra, et qui mieux le saura faire. » Loin de céder à ce refus, le monarque, qui connaissait et appréciait dignement le mérite du héros breton, n'hésita point à employer les plus vives instances pour le résoudre à accepter. « Messire Bertrand, lui dit-il, ne vous excusez point ; je n'ai frère, cousin, neveu, comte, ni baron en mon royaume qui n'obéisse à vous, et si nuls en étaient au contraire, ils me courrouceraient tellement, qu'ils s'en apercevraient : si prenez l'office joyeusement, et je vous en prie. » On sent que de pareilles prières sont des commandements absolus, et que Du Guesclin dut obéir sur-le-champ.

Beaux sentiments de Charles V.

Charles V, à qui sa conduite mérita le titre de Sage, et sa sagesse celui d'Heureux, parvint, durant un règne de dix-sept ans, à expulser de son royaume les Anglais, qui l'avaient presque totalement envahi. Un de ses courtisans lui vantait un jour le bonheur de la puissance suprême : « Je ne trouve les rois heureux, répondit-il, qu'en ce qu'ils ont le pouvoir de faire le bien. »

Amour de Charles V pour les lettres.

A l'affabilité qui lui était naturelle, Charles joignait le don de la parole : il était éloquent autant qu'on pouvait l'être pour son siècle. Il aimait les sciences, il les protégeait; il les cultiva lui-même pendant tout le cours de sa vie, persuadé qu'elles contribuaient non-seulement à la gloire de l'Etat, mais encore au bonheur de la nation, qu'elles éclairaient, et dont elles adoucissaient les mœurs. « Les clercs ou la sapience, disait ordinairement ce grand prince, on ne peut trop honorer, et tant que sapience sera honorée en ce royaume, il continuera à prospérité; mais quand déboutée y sera, il décherra. »

On peut regarder Charles V comme le véritable fondateur de la bibliothèque royale. Le roi Jean II possédait à peine vingt volumes, que son successeur augmenta jusqu'à neuf cents, collection qui passait alors pour immense. Cet assemblage exigeait effectivement une dépense considérable, des soins infinis, puisqu'on ignorait alors le secret de multiplier les livres par le secours de l'impression, art qui ne fut découvert que vers le milieu du siècle suivant.

Charles VI vainqu cr à Rosbec.

1382.

Les Flamands, révoltés contre leur comte, avaient mis à
leur tête Philippe d'Artevelle, fils de Jacque d'Artevelle,
qui s'était rendu si célèbre dans les anciens troubles. Le
comte ayant imploré le secours de Charles VI, dont il était
feudataire, ce monarque, malgré son extrême jeunesse,
entra en Flandre à la tête d'une puissante armée : il rencontra celle des rebelles dans la plaine qui se trouve entre
Rosbec et Courtrai. Le connétable de Clisson divisa les
Français en trois corps, dont il commandait le premier, le
roi et le duc de Bourgogne conduisaient le second corps de
bataille ; le comte d'Eu et plusieurs autres seigneurs mar-
chaient à la tête du troisième.

Les Flamands, campés entre un ravin profond et un
bois, ayant en tête un fossé revêtu d'un retranchement,
occupaient un poste qu'il était presque impossible de
forcer. Ils se privèrent de cet avantage pour s'emparer
d'une petite colline appelée le Mont-d'Or, s'imaginant de
fondre avec plus d'impétuosité sur les Français. Dès que
le connétable se fut aperçu de ce mouvement, la victoire
lui parut assurée. Pierre de Villiers déploie aussitôt
l'oriflamme, et le combat commença par le corps d'armée
où se trouvait le roi, tandis que les deux autres corps, se
portant sur les ailes, enveloppèrent les flancs des ennemis,
qui n'observèrent d'autre ordre dans le combat que de se
tenir extrêmement serrés les uns contre les autres, et les
bras entrelacés afin de tenir moins de terrain. Le jeune
roi témoignait un violent désir de se mêler parmi les combattants, et ceux qui veillaient à sa conservation eurent
beaucoup de peine à l'en empêcher. Les Flamands com-

battirent d'abord avec une fureur qui rendit durant quelques instants le succès douteux ; mais bientôt la valeur et
l'expérience des armes l'emportèrent sur une multitude
indisciplinée. On en fit un carnage affreux ; enfin ils se
rompirent et prirent la fuite. Les plus modérés font monter la perte des ennemis à vingt-cinq mille hommes.
Froissard dit, sur la foi d'un gentilhomme qui s'était
trouvé à cette action, que la bataille fut gagnée en moins
d'une demi-heure. Le corps de d'Artevelle, étouffé sous
un monceau de morts, fut pendu à un arbre. Le comte de
Flandre, transporté d'une victoire qui lui restituait ses
Etats, vint féliciter et remercier le roi. « Beau cousin, lui
répondit le jeune monarque, je vous ai aidé et secouru
tellement que vos ennemis sont déconfits : combien que
du temps de feu monseigneur mon père, dont Dieu veuille
avoir l'âme, vous fûtes fort chargé d'avoir en alliance et
faveur à nos ennemis les Anglais, si vous en gardez
doresnavant, et je vous aurai en ma grâce. »

Généreuse magnificence de Charles VI.

1383.

Léon de Lusignan, troisième du nom, roi de la petite
Arménie, vaincu et chassé de ses Etats par les Tartares,
vint chercher un asile en France. Le jeune roi et les princes
ses oncles, informés de son arrivée, l'envoyèrent recevoir
avec tout l'appareil usité pour les têtes couronnées.
Charles, non content de l'assurer de sa protection et de
l'espérance d'un prompt secours pour le rétablir sur le
trône, lui assigna un revenu fixe et suffisant pour le faire
vivre en prince. Il lui donna de plus une somme considérable pour les frais de l'établissement de sa maison. Il
serait inutile de relever par des éloges une pareille libé-

ralit´ ; ce caractère généreux d'hospitalité, de compassion et de bienfaisance fut de tout temps la vertu de nos princes et de notre nation.

Belles qualités de Charles VI.

1383.

De tous les princes qui ont gouverné la France, il n'en est aucun dont le règne ait été témoin de plus de malheurs que celui de Charles VI ; mais il n'en est pas non plus que le ciel eût doué d'un plus heureux naturel. En lui se distinguaient l'air et la taille d'un héros, une physionomie noble, animée, prévenante, une adresse incomparable à tous les exercices : on voyait revivre dans ses yeux l'ardeur guerrière de ses ancêtres ; même avidité pour l'honneur et pour les entreprises éclatantes ; il avait le courage et l'intrépidité de Jean et de Philippe de Valois. A l'extérieur le plus favorable, il joignait les dons les plus précieux ; il était humain, généreux, affable ; et, ce qui est d'autant plus rare chez les rois que leur rang et leur éducation semblent les séparer du reste des hommes, il était sensible et reconnaissant. Il ne croyait pas qu'il fût possible d'oublier les services. Un délateur ayant accusé quelqu'un d'avoir mal parlé de ce prince : « Cela ne se peut pas, répondit Charles, je lui ai fait du bien. »

Exploits de Charles VII, dit le Victorieux.

1437.

Aux désastres du règne de Charles VI avaient succédé des temps plus prospères. Jeanne d'Arc avait rappelé la victoire sous les drapeaux de la France, et Charles VII commençait à se rendre digne, par ses hauts faits, d'être proclamé le restaurateur de la monarchie. A la tête d'un corps de six mille hommes, il ouvrit la campagne par la reddition de Château-Landon, de Nemours, et de quelques autres places dans le Gâtinois. Le roi traversa une partie de la province de Sens, fit investir Montereau-Faut-Yonne, et ne tarda pas à s'y rendre. Thomas Guérard, qui en était le gouverneur, quoique avec une garnison de quatre cents hommes, fit une défense qui lui mérita des éloges même des Français. La présence du souverain inspirait à nos troupes une nouvelle ardeur. On avait construit, suivant l'usage du temps, des bastilles autour de la ville. Le prince lui-même visitait les travaux, s'exposait sans ménagement dans les endroits les plus périlleux. Lorsque les brèches furent praticables, on disposa tout pour un assaut général. Le monarque, à la tête de ses troupes, s'avança jusqu'au pied des remparts. On apportait les fascines pour combler les fossés. Charles, impatient de signaler sa valeur, s'y précipite le premier, les traverse, ayant de l'eau jusqu'à la ceinture, plante lui-même une échelle, et, l'épée à la main, parvient au haut des murs à travers une grêle de traits. C'est là qu'il combat corps à corps. Il serait difficile de décider qui l'emporta dans ce moment, ou de la terreur des ennemis, ou de l'admiration des Français. Le roi fit sur-le-champ cesser le carnage. C'est à ces traits chers à l'humanité qu'on reconnaît le vrai héros. Un pareil ordre, donné dans la première ivresse de la victoire, suffirait seul pour éterniser la mémoire de Charles. Il devint dès cet instant l'idole de la nation, et subjugua l'estime de ses ennemis. La garnison, après la perte de la ville, s'était retirée dans le château, où elle tint encore durant quelques jours. Le roi lui accorda une capitulation honorable, à la prière du dauphin, qui fit ses premières armes à ce siége.

Importants services rendus au commerce par Louis

1480.

La Grèce et l'Italie avaient des arts de luxe que les Français ne connaissaient pas : Louis, considérant qu'au mépris des lois somptuaires, la France s'appauvrissait de jour en jour par les impôts involontaires qu'elle payait à l'industrie des étrangers, fit venir un grand nombre d'ouvriers pour fabriquer des étoffes d'or, d'argent et de soie. Il confia la direction de ces manufactures à Guillaume Briçonnet ; et, pour encourager ce nouvel établissement, il ordonna que les étrangers et les Français même qui seraient employés dans ces manufactures seraient exempts de tous droits, taxes et impôts ; il étendit cette exemption à leurs femmes, leurs veuves et leurs enfants.

Un établissement qui lui fait plus d'honneur encore, et qui ne fut pas moins utile au commerce, est celui des postes aux lettres. Il s'en était occupé dès son avénement à la couronne ; il avait déjà commencé à l'exécuter à l'occasion d'une dangereuse maladie qu'eut le dauphin. Voulant avoir tous les jours des nouvelles d'un enfant si précieux à l'Etat, il établit un certain nombre de relais depuis Amboise jusqu'aux endroits où il séjournait alors. Enfin, il mit cette année la dernière main à cette importante institution.

Charles VIII vainqueur à Fornoue.

1495.

Une ligue formée entre le roi d'Espagne, l'empereur, le duc de Milan et la république de Venise, menaçait d'ôter à

Charles VIII la possibilité de revenir de l'Italie en France. A la tête de sept à huit mille combattants harassés de fatigues, il avait à s'ouvrir un passage au travers de l'armée confédérée, qui, forte de trente-cinq mille hommes, et campée près de l'abbaye de Ghiaruola, à trois milles de Fornoue, dans une plaine assez vaste, avait résolu d'envelopper si bien les Français, qu'il n'en pût échapper un seul homme.

Ce fut le 6 juillet 1495 que le roi, armé de toutes pièces, rangea son armée en bataille. L'avant-garde, qui devait percer la première, fut composée de l'élite de l'armée : le maréchal de Gié la commandait. Le corps de bataille fut confié au sire de La Trémouille : le roi s'y plaça, accompagné de ses neuf preux. L'arrière-garde fut sous les ordres du vicomte de Narbonne, de la maison de Foix. Ces deux divisions étant trop faibles chacune en particulier, durent marcher à peu de distance l'une de l'autre, afin d'être toujours à portée de se secourir. Il ne restait point de troupes réglées pour la garde des bagages ; les valets et les ouvriers au service de l'armée se munirent de haches et de longues épées, et formèrent un corps d'environ deux mille hommes. Après quelques pourparlers qui n'avaient pour but que de connaître les dispositions prises par les Français, François de Gonzague, marquis de Mantoue, qui commandait les confédérés, fondit sur notre arrière-garde avec une extrême valeur. Le combat était engagé lorsque Mathieu de Bourbon accourut au corps de bataille où il trouva le roi qui, selon l'usage, conférait l'ordre de chevalerie. *Avancez, sire*, lui cria-t-il, *avancez*. Aussitôt le roi marche au milieu de ses preux. Ce premier choc fut terrible : dans un instant on vit la terre couverte de lances brisées et de chevaliers renversés. Charles VIII combattait au premier rang avec si peu de précaution, que les ennemis saisirent les rênes de son cheval, et que Mathieu de Bourbon fut fait prisonnier à ses côtés. Dans le moment où le combat fut le plus animé, on vit paraître un corps de stradiots que le marquis de Mantoue avait envoyé piller les bagages et se saisir du village de Fornoue. Ils avaient exécuté la première partie de cette commission ; mais l'envie de mettre leur butin en sûreté leur avait fait reprendre la route du camp. A cette vue quinze cents de leurs camarades, que le marquis avait amenés avec lui, quittèrent leur poste pour aller du côté où il y avait espérance de s'enrichir. Les gendarmes du marquis, après avoir brisé leurs lances et s'être quelque temps défendus avec leurs masses, se sentant pressés par les Français, et voyant que personne ne venait à leur secours, prirent la fuite, et furent poursuivis l'épée dans les reins. Tous ceux qu'on put atteindre furent impitoyablement massacrés.

Le roi aurait dû modérer l'ardeur de ses troupes, ou les suivre lui-même s'il ne pouvait les arrêter. Il resta pendant plus d'un quart d'heure sur le champ de bataille, fort éloigné de son avant-garde, et n'ayant autour de sa personne qu'un seul valet de chambre.

Tandis que tout le monde et ses preux eux-mêmes donnaient la chasse aux fuyards, il faillit être mis à mort ou fait prisonnier par une compagnie de gendarmes ennemis, qui, ayant été rompue au commencement de l'action, s'était retirée sur le bord de la rivière, et qui voyant le champ de bataille libre, eut la hardiesse d'y revenir. Charles se défendit contre eux avec une extrême valeur, mais il n'aurait pu éviter de tomber entre leurs mains, si quelques-uns des siens, qui revenaient de la poursuite des ennemis, n'eussent paru fort à propos.

Tandis qu'on se battait à l'arrière-garde, les Italiens que conduisait le comte de Caiazze attaquèrent l'avant-garde. Après avoir brisé leurs lances, ils ne purent soutenir l'impétuosité française ; et consternés de la perte de Jean de Picinino et de Galéas Corrége, deux de leurs plus fameux capitaines, ils prirent honteusement la fuite.

L'action ne dura pas plus d'une heure. Les confédérés perdirent trois mille cinq cents hommes, parmi lesquels on comptait un grand nombre de gens de la première qualité ; les Français n'en perdirent pas deux cents.

Mathieu de Bourbon et Julien de Bourgneuf capitaine des
gardes de la porte, furent les deux sous officiers qu'on
regretta.

Clémence de Louis XII.

1498.

En se couvrant des symboles de la royauté, Louis XII
changea de caractère ; il devint le père de ses sujets, et ne
garda de l'autorité souveraine que le pouvoir de faire le
bien. Quelques courtisans l'excitaient à se venger de La
Trémouille, qui, après l'avoir fait prisonnier à la bataille
de Saint-Aubin, semblait avoir pris un plaisir barbare à
insulter à son malheur. « Un roi de France, répondit Louis,
ne venge point les querelles d'un duc d'Orléans : si La
Trémouille a bien servi son maître contre moi, il me ser-
vira de même contre ceux qui seraient tentés de troubler
l'Etat. »

Quoique, par un édit de Louis XI, les offices eussent été
déclarés permanents, et qu'on ne pût légitimement des-
tituer ceux qui s'en trouvaient pourvus qu'en observant
les formes juridiques, l'usage était toujours qu'à chaque
mutation de souverain on renouvelât les provisions de
ceux qu'il jugeait à propos de conserver. Lors donc qu'on
lui présenta la liste de tous les officiers, il l'examina
soigneusement, et marqua d'une croix rouge les noms de
ses ennemis les plus opiniâtres, sans déclarer autrement
ses intentions. Ils en furent avertis ; et, craignant que la
punition ne se bornât pas à la perte de leur office, ils se
cachèrent, et employèrent de puissants protecteurs pour
obtenir leur pardon. « En apposant à leur nom, dit Louis,
le sceau de la rédemption, j'ai cru avoir annoncé assez
clairement que tout était pardonné : Jésus-Christ est mort
pour eux comme pour moi. »

Fastes Militaires.   4

Modération de Louis XII.

1506.

L'archiduc Philippe, roi de Castille et comte de Flandre, venait de mourir. Louis ne pouvait désirer des conjonctures plus favorables pour s'emparer des Pays-Bas, s'il eût pu se départir un moment des principes de la justice et de la modération. Ces provinces étaient sans défense ; la noblesse la plus distinguée, les plus braves guerriers avaient suivi Philippe en Espagne, et n'en pouvaient revenir sans se mettre à la merci du roi de France. L'armée flamande était ruinée ; les Français auxiliaires du duc de Gueldres ravageaient impunément le Brabant : l'empereur était éloigné, et d'ailleurs tellement odieux aux Flamands, qu'ils n'eussent jamais consenti à le recevoir parmi eux. Le roi d'Angleterre, vieux et avare, n'aurait pas fait plus d'efforts pour empêcher la conquête des Pays-Bas qu'il n'en avait fait sous le règne précédent pour s'opposer à la réunion de la Bretagne à la couronne. Louis, qui avait une armée toute prête, qui ne manquait pas d'argent, qui aurait trouvé un grand nombre de partisans en Flandre et en Artois, qui pouvait faire parler en sa faveur l'ancienne loi féodale par laquelle le seigneur suzerain a droit de réclamer la curatelle et la jouissance des biens des enfants de ses vassaux pendant tout le temps de leur minorité, n'avait qu'à se montrer sur les frontières de l'Artois, pendant que le duc de Gueldres se serait avancé dans le Brabant, et tout était soumis. Maître des Pays-Bas, et vraisemblablement de la personne du jeune Charles, fils de Philippe, il aurait tenu l'empereur dans une entière dépendance. Mais ce furent ces facilités qui lui firent tomber les armes des mains : il ne vit dans les enfants de son ennemi que de malheureux orphelins dignes de sa

pitié ; il retira sur-le-champ les troupes qu'il avait en-
voyées au duc de Gueldres, et lui manda de se renfermer
à l'avenir dans la limite de ses Etats.

Louis XII vainqueur à Aguadel.

1509.

Par un traité conclu à Cambrai, entre la France, le
Saint-Siége, l'empire et l'Espagne, Louis XII s'était engagé
à faire la guerre aux Vénitiens. Ce monarque avait fait
commencer les hostilités par le sire de Chaumont, son
lieutenant-général dans le Milanez, et il se mit lui-même
en campagne pour aller délivrer Trévi, place prise par
Chaumont, et dont l'armée vénitienne, aux ordres de
Pétiliane, cherchait à se rendre maîtresse. Il apprit bientôt
qu'elle y avait réussi. Il continua donc sa route dans la
résolution de l'attaquer en quelque endroit qu'il pût la
joindre. Il fallait traverser l'Adda : on s'attendait que
l'ennemi se présenterait pour en disputer le passage ; mais
la trop grande circonspection de Pétiliane, et la crainte
qu'il avait d'engager trop tôt une bataille qui devait
décider du sort de la république, continrent l'armée dans
ses retranchements. Louis s'avança à une portée de canon
du camp des ennemis ; mais il le trouva si bien fortifié,
qu'il n'osa entreprendre de le forcer. Pour essayer de les
en tirer, il rangea son armée en bataille, et fit partir à leur
vue un détachement considérable, avec ordre d'assaillir la
petite ville de Rivolta. Pétiliane mit son armée en bataille,
il vit saccager la place, et ne sortit point de ses retranchements. Cette tranquillité déconcertait Louis. Il assembla un conseil de guerre. On proposa de s'emparer du
poste avantageux de Vaila et de couper à l'armée ennemie
toute communication avec Crémone, où elle avait établi

ses magasins, et d'où elle tirait ses subsistances. Les Français se mirent donc en marche. Chaumont et Trivulce commandaient l'avant-garde; le roi conduisait le corps de bataille; le duc de Longueville l'arrière-garde. Pour se rendre à Vaila, il y avait deux chemins peu distants l'un de l'autre, et qui se touchaient presque en quelques endroits; l'un par la plaine : c'était le plus commode, mais le plus long; l'autre par les hauteurs, beaucoup plus court, mais plus difficile : l'armée française prit le premier.

L'Alviane, l'un des généraux vénitiens, devina l'objet de cette marche et montra si clairement à Pétiliane et aux deux autres provéditeurs que le seul moyen de sauver l'armée était de prévenir les Français, qu'il les décida à prendre sur l'heure le chemin des hauteurs. Pétiliane partit le premier avec la plus grande partie de la cavalerie; l'Alviane le suivait avec le reste de l'armée et toute l'artillerie. Pétiliane approchait de Vaila; l'Alviane lui-même, quoiqu'il marchât avec un attirail plus embarrassant, avait dépassé les Français, lorsque Chaumont et Trivulce l'atteignirent près du village d'Agnadel, dans un endroit où les deux chemins n'étaient séparés que par un ravin et quelques arpents de terre que les Français entreprirent de franchir. L'Alviane, dès qu'il les aperçut, envoya prier le comte de Pétiliane de revenir sur ses pas : Pétiliane lui fit dire d'avancer toujours et de se battre en retraite; mais il ne le pouvait plus sans sacrifier son artillerie, les bagages et une partie de son infanterie. Il rangea donc son artillerie sur une chaussée ou digue qui couvrait le ravin; il jeta son infanterie dans des vignes où la cavalerie ennemie pouvait difficilement pénétrer, et laissa derrière un terrain vaste et uni où la gendarmerie et la cavalerie légère pouvaient aisément manœuvrer. Chaumont, en attaquant l'ennemi, avait envoyé prier le roi de s'avancer avec le corps de bataille; Louis ne s'attendait pas à ce message : quelques moments auparavant on était venu lui dire qu'il était inutile de se hâter, parce que les ennemis l'avaient prévenu, et étaient déjà logés à Vaila. « Marchons toujours, avait-il répondu, nous logerons sur leurs ventres. » Apprenant que le combat était engagé, il détacha le jeune Charles de Bourbon Montpensier et Louis de La Trémouille avec deux cents lances, pour soutenir l'avant-garde, et il se mit à les poursuivre avec une merveilleuse ardeur. Il était temps qu'il arrivât; les Suisses et les gendarmes de Chaumont avaient été renversés, et soutenaient à peine le combat. L'artillerie de l'Alviane, placée sur un terrain plus élevé, éclaircissait les rangs, et portait au loin la mort et l'épouvante. En arrivant, le roi s'aperçut que les Suisses étaient rebutés; il les fit remplacer par des aventuriers français qui passèrent le ravin et pénétrèrent dans les vignes. Bourbon s'étant fait jour du côté où il avait entrepris de passer, fut suivi de presque toute la gendarmerie, qui joignit celle de l'ennemi dans un terrain spacieux où la bravoure seule devait décider entre les combattants. Louis, l'épée à la main, faisait avancer les différents corps des troupes, et se portait de tous côtés, sans crainte du canon, qui enlevait des soldats à ses côtés. Quelques-uns de ceux qui l'entouraient lui représentèrent le danger où il exposait sa personne sacrée, le priant de se retirer à l'écart, et de leur donner de là ses ordres. « Ce n'est rien, leur dit-il, ceux qui ont peur n'ont qu'à se mettre à couvert derrière moi. » La gendarmerie vénitienne ne put soutenir le choc des lances françaises. Pétiliane, qui la commandait, la voyant en un moment renversée et prête à se débander, ne s'opiniâtra point à soutenir un combat trop inégal; il fit battre en retraite, abandonnant l'Alviane et son infanterie. Cette portion de l'armée, enveloppée de toutes parts, continua de se défendre avec une extrême valeur. N'ayant plus d'espérance de remporter la victoire, l'Alviane ne songeait qu'à vendre chèrement sa vie : il fut enveloppé et fait prisonnier par le brave Vandenesse. Le combat dura trois heures. Il resta huit mille hommes sur le champ de bataille du côté des Vénitiens, et quatre à cinq cents seulement du côté des Français. La

Palisse, Cornillon, le baron de Conti, furent du nombre des blessés. Louis, en présence de toute l'armée, se prosterna sur le champ de bataille, rendit grâces à Dieu du succès dont il venait de couronner ses armes, et voua dans ce lieu même une chapelle à la Vierge, sous l'invocation de *Notre-Dame de la Victoire.*

Entrevue de François Ier et de Henri VIII au camp du Drap-d'Or.

1520.

Le roi de France s'était rendu à Ardres, Henri VIII à Guines, pour régler la restitution de la ville de Calais et les affaires de l'Ecosse. Bientôt François Ier s'ennuya du triste cérémonial auquel on avait voulu soumettre ses visites à la cour d'Angleterre; et, sans rien communiquer à personne de son projet, il se leva un jour plus matin qu'à son ordinaire, monta à cheval avec un page et deux gentilshommes, et prit brusquement la route de Guines. Deux cents archers anglais, dont plusieurs le connaissaient déjà, le voyant s'avancer, demeurent immobiles et n'en croient pas leurs yeux. « Rendez les armes, dit le monarque au capitaine, et conduisez-moi à la chambre de mon frère. » En vain voulut-on lui faire observer que Henri dormait encore; il ouvre la porte avec fracas, tire les rideaux et se présente aux premiers regards du roi d'Angleterre. « Mon frère, lui dit Henri, vous m'avez fait meilleur tour que jamais homme fit à un autre, et me montrez la grande fiance que je dois avoir en vous, et de moi je me rends votre prisonnier dès cette heure, et vous baille ma foi. » En disant ces mots, il ôta de son cou un riche collier, et pria le roi de France de vouloir bien le porter ce jour-là pour l'amour de lui. François, détachant de son habit un bracelet plus riche encore, l'attacha lui-même au bras du roi d'Angleterre, en lui adressant la même prière : il voulut forcément l'aider à s'habiller. Henri fit inutilement des instances pour le retenir ce même jour à dîner. Comme il y avait des joûtes annoncées, François, qui ne perdait pas volontiers de pareilles occasions, voulut avoir du temps pour s'y préparer. Cependant, on ne pouvait deviner au camp ce qu'était devenu le roi : le fidèle Fleuranges, capitaine des gardes, errait dans la campagne pour en apprendre des nouvelles, lorsqu'il le vit sortir du camp des Anglais. « Mon maître, lui dit-il en l'abordant avec humeur, vous êtes un fou d'avoir fait ce que vous avez fait ; je suis bien aise de vous voir ici, et donne aux chiens celui qui vous l'a conseillé. » « Je n'ai pris conseil de personne, répondit le monarque, parce que je savais bien que personne ne me donnerait celui que j'avais envie de suivre. » Le lendemain, Henri ne manqua point de se trouver au lever du roi, et depuis ce moment les deux cours se confondirent, on ne prit plus d'autres précautions que celles qui étaient absolument indispensables pour maintenir le bon ordre. Les joûtes, les combats à la barrière occupaient la plus grande partie du jour ; trois cents chevaliers y firent briller leur force et leur adresse ; les reines et les princesses distribuaient les prix aux vainqueurs. Pour varier le spectacle, Henri fit entrer dans la lice des lutteurs anglais ; les Français eurent beaucoup de désavantage dans ce genre, parce que le roi n'avait pas songé à faire venir ses lutteurs bretons. Encouragé par le succès, Henri saisit le roi par le collet en lui disant : « Mon frère, je veux lutter avec vous. » François, robuste et agile, l'eut bientôt soulevé, et lui donna *un merveilleux saut.* Henri voulait avoir sa revanche, mais les courtisans firent cesser ce combat inégal et peu séant. Enfin, après avoir passé quinze jours dans des plaisirs continuels, les deux cours se séparèrent avec toutes les apparences d'une satisfaction et d'une amitié réciproques.

Générosité de François Ier.

1521.

François Ier était allé avec toute sa cour passer les premiers jours de janvier à Romorantin, chez la duchesse d'Angoulême sa mère. Il apprit que, la veille des Rois, le comte de Saint-Pol avait assemblé chez lui un grand nombre d'amis, et qu'on avait fait un roi de la fève. Il assembla de son côté quelques jeunes courtisans, et envoya défier le nouveau roi. Le comte de Saint-Pol et ses amis ramassèrent à la hâte des pelotons de neige, des œufs, des pommes. Ils barricadèrent les portes et se mirent en état de soutenir l'assaut. Lorsque toutes ces provisions furent épuisées, un des plus échauffés, saisissant une bûche enflammée, la jeta au milieu de la troupe qui brisait les portes; elle tomba sur la tête du roi et le renversa sans connaissance; on le remporta dans cet état au château de Romorantin; les médecins, pendant quelques jours, désespérèrent de sa guérison. On voulait rechercher l'imprudent qui avait fait le coup, le roi ne voulut pas le permettre. « C'est moi, dit-il, qui ait fait la folie, il est juste que je la boive. »

François Ier dans les fers triomphe de Charles-Quint par sa fermeté.

1525.

Les mauvais procédés que Charles-Quint faisait sans cesse essuyer à François Ier, captif à Madrid, avaient depuis longtemps excité l'indignation du monarque français.

Une nouvelle circonstance vint encore ajouter à l'énergie de ce sentiment. Marguerite, sa sœur, était venue le voir et négocier sa liberté. Bientôt cette princesse fut avertie de se défier des caresses perfides et des autres moyens qu'on emploierait pour retarder son départ jusqu'à l'expiration du sauf-conduit, parce qu'on avait résolu de la traiter en prisonnière d'Etat, sous prétexte qu'elle avait cherché à procurer l'évasion de son frère. Ce trait acheva de percer le cœur du roi de France : il comprit ce qu'il avait à se promettre pour lui-même d'un souverain capable d'un pareil procédé ; mais au lieu de se laisser abattre par cette réflexion, il sentit renaître son courage, et résolut de braver son vainqueur. Plein de ce généreux sentiment, il voulut donner à son peuple une dernière marque de sa tendresse, et rédigea un acte dans lequel, après avoir rappelé tout ce qui lui était arrivé depuis la bataille de Pavie, et la conduite brutale de l'empereur à son égard, il la continuait en ces termes :

« ....Voyant ne nous être permis de sortir de prison ni administrer la justice à nos sujets, savoir faisons que, par bonne et mûre délibération, nous avons conclu, ordonné et consenti, et par cet édit perpétuel et irrévocable, voulons, ordonnons et consentons, et tel est notre bon plaisir, que notre très cher et très aimé fils François, dauphin, notre vrai et indubitable successeur, soit dès à présent déclaré, connu et réputé roi très chrétien, et comme roi, oint et sacré, en gardant les solennités requises et accoutumées, et qu'il gouverne sous la régence et l'autorité de notre très chère et aimée mère, la duchesse d'Angoulême, jusqu'à ce qu'il soit en âge de gouverner par lui-même, et que toutes les expéditions soient faites sous le nom et le sceau de notre fils aîné comme roi. Voulons que tous ceux qui nous doivent foi et hommage soient quittes et absous, en reportant le même serment et hommage à notre fils aîné. Donné à Madrid, au mois de novembre 1525. »

Marguerite, après une résistance inutile, reçut, en fondant en larmes, cet acte d'abdication, et disposa si bien

ses relais, qu'elle arriva sur les terres de France avant
que ceux qui la poursuivaient pussent l'atteindre. Quelques jours après, François fit notifier à l'empereur cet
acte d'abdication, en lui demandant, comme à l'un de ses
proches parents, une maison sans faste, mais décente, où
il pût finir tranquillement ses jours. Afin qu'on se per-
suadât qu'il parlait sincèrement, il envoya ordre à ses
plénipotentiaires de rompre les conférences, et de se
retirer en France auprès du roi leur nouveau maître.
Charles-Quint, vaincu à son tour par cette héroïque résolution, ne mit plus d'obstacles au traité de paix; il
éloigna le connétable de Bourbon, à qui il avait promis
Eléonore sa sœur, et il célébra le mariage de cette princesse avec François Iᵉʳ, qui ne tarda point à recouvrer sa
liberté et à être rendu à l'amour de ses peuples.

Résignation de François Iᵉʳ et ses belles paroles à son fils.

1535.

Le dauphin François venait de mourir à l'âge de dix-
neuf ans. On connaissait l'extrême sensibilité du roi;
comment lui annoncer cette terrible nouvelle? On en
chargea le cardinal de Lorraine, l'homme du royaume pour
qui il avait le plus de considération. Il se rendit à
Valence, et trouva le roi dans sa salle d'audience, donnant
des ordres aux officiers, et bien éloigné de soupçonner le
malheur qu'il venait lui apprendre. « Monsieur le car-
» dinal, lui cria t-il dès qu'il le vit entrer, comment se
» porte mon fils? — Sire, répondit le cardinal d'une voix
» rauque et entrecoupée, il est toujours bien mal; mais il
» faut espérer que Dieu... — Mon fils est mort! s'écria le
» roi. » Le cardinal baissa la tête et se couvrit le visage
de ses deux mains; la salle retentit de cris douloureux.

Le roi, après être resté quelque temps immobile, s'approcha d'une fenêtre qui était ouverte, tourna vers le ciel des yeux baignés de larmes, et, pénétré des grands principes de la religion, il s'humilia sous la main qui le frappait. Après avoir donné le reste de la journée à sa douleur, il fit venir le lendemain matin Henri, le second de ses fils, et lui dit : « Mon fils, nous venons de perdre, vous un frère qui vous chérissait, moi un fils digne de toute ma tendresse; vous succédez à ses titres de dauphin et de duc de Bretagne; efforcez-vous de succéder à ses vertus : les larmes que sa mort fait répandre vous montrent à quel point il avait su se concilier l'amour de la nation; imitez sa douceur, sa bienfaisance, et tâchez qu'en vous voyant, les Français oublient la perte qu'ils ont faite. »

Clémence de François Ier.

1542.

Tandis que François Ier assiégeait Perpignan, La Rochelle et les contrées voisines se révoltèrent contre son autorité. Tant que dura la campagne, le roi dissimula cette offense; à son retour, il manda dans la ville de Cognac vingt-cinq des principaux habitants de La Rochelle, les syndics et les procureurs des villes voisines, pour justifier, s'il y avait lieu, la conduite qu'ils avaient tenue. Il fallut obéir, car ils étaient sans défense, et le roi s'approchait avec une partie de son armée. Arrivés à Cognac, ces députés furent mis aux arrêts, et on leur signifia qu'ils seraient responsables de la réception que feraient les Rochellois au sire de Jarnac, leur gouverneur. Celui-ci retournait dans cette ville rebelle avec la compagnie de cinquante hommes d'armes du seigneur Rothelin et deux cents légionnaires.

Trouvant les portes ouvertes et le peuple livré aux pratiques de la pénitence, Jarnac assit tranquillement des corps-de-garde au coin des rues, ordonna aux bourgeois d'apporter sur la place publique toutes les armes qu'ils tenaient dans leurs maisons, et leur défendit, sous peine de la vie, de sortir la nuit, et de se trouver de jour plus de six personnes ensemble. Quoique la soumission des Rochellois fût sans bornes, le tribunal établi à Cognac s'arma contre eux de la plus grande sévérité. Il déclara criminels de lèse-majesté tous ceux qui s'étaient opposés à l'exécution des ordres du roi, il confisqua leurs biens et les réunit au domaine de la couronne.

François Ier, qui voulait effrayer les rebelles, mais non les pousser au désespoir, sursit par lettres patentes à l'exécution de cet arrêt, voulant laisser le temps et la liberté aux accusés de produire tous leurs moyens de défense, et il les avertit de lui adresser de nouveaux députés dans la ville de La Rochelle, où il leur donnerait audience. L'entrée qu'il y fit avait un air imposant et terrible : les malheureux bourgeois n'obtinrent pas même la permission d'offrir au monarque l'image de leur désolation et de leur repentir. Jarnac les tint étroitement enfermés dans leurs maisons, et, rangeant ses soldats en deux haies, il alla recevoir à l'une des portes de la ville les premiers corps des troupes qui se présentèrent, et qui continuèrent de former des corps de troupes dans toutes les rues. Les archers de la garde menaient au milieu d'eux les vingt-cinq députés de La Rochelle, et les syndics des communautés voisines, chargés de chaînes, et dans l'équipage de criminels qu'on traîne au supplice : ils allèrent les déposer dans la prison. Le roi parut ensuite, armé de toutes pièces, précédé de ses gentilshommes ordinaires, et suivi des princes, cardinaux et ministres; il alla descendre au logis que Jarnac lui avait préparé. Le lendemain, il traversa à pied une grande partie de la ville, pour visiter le port. Partout régnaient l'épouvante, le silence et l'horreur. Cependant une troupe d'enfants des deux sexes, s'élançant tout-à-coup du coin d'une rue ou, par la négligence, ou par la connivence des gardes, vint tomber aux pieds du roi, et cria : *Miséricorde !* Quelques efforts qu'il fît pour armer son visage de sévérité, la bonté de son cœur, dans cette rencontre inopinée, revendiqua ses droits et lui arracha des larmes. Dès le soir, il ordonna qu'on déliât les captifs, et qu'on leur laissât une honnête liberté, sans cependant leur ouvrir les portes de la prison, jusqu'au lendemain, où il leur donnerait audience. On bâtissait sous les fenêtres de son appartement un vaste échafaud où il parut à l'heure indiquée, accompagné des ducs d'Orléans et de Vendôme, d'Estouteville, des cardinaux de Lorraine, de Ferrare et de Tournon, de Montholon, garde des sceaux, de Raimond, premier président de Normandie, et de quelques autres magistrats. Au pied de l'échafaud étaient les accusés, ayant à leur tête deux orateurs, l'un pour les Rochellois, l'autre pour les communautés. Quoiqu'on affectât de donner à cette action une forme judiciaire, les deux orateurs, sentant que ce n'était pas le moment de discuter un point de droit, ne s'attachèrent qu'à fléchir la colère de leur juge ; et, confessant humblement leur faute, ils implorèrent sa clémence et sa miséricorde. Les accusés, et ceux des bourgeois à qui l'on avait permis d'approcher, couchés par terre, et les mains tendues vers le trône, répétèrent à grands cris : *Miséricorde !*

« Je ne suis point étonné, répondit le roi, que vous n'ayez pas même entrepris de justifier votre conduite à mon égard ; car, sous quelque point de vue qu'on l'envisage, elle est vraiment inexcusable. Tandis que je veillais jour et nuit à votre défense, au moment où mes fils et moi nous exposions notre vie pour mettre à couvert les frontières et maintenir la sûreté publique, non contents de vous refuser aux dépenses qu'entraîne nécessairement l'entretien de quatre ou cinq armées, vous avez, au mépris de la dignité royale, outragé des officiers chargés de mes ordres, levé l'étendard de la révolte, et ouvert, autant qu'il était en vous, aux Espagnols et aux Anglais l'entrée de nos provinces. Connaissez donc toute l'énormité de votre faute, et jugez vous-mêmes quelle réparation j'ai le droit d'exiger. L'exemple des Gantois a dû vous l'apprendre. Bien moins coupables que vous, puisqu'ils paraissaient ne réclamer qu'une justice impartiale, et qu'ils offraient de se soumettre à la décision du parlement, ils ont vu leurs principaux citoyens expirer par la main du bourreau, un grand nombre d'autres bannis et dépouillés de leurs biens; la ville entière, dépouillée de ses priviléges, a été condamnée à bâtir à ses frais une citadelle, et à soudoyer à perpétuité une garnison. Tel est le traitement auquel vous auriez dû vous attendre, et que vous éprouveriez sans doute, si je n'étais que votre maître; mais je suis votre père : vous détestez votre faute, et vous implorez ma clémence. Hélas ! j'ai besoin, plus qu'aucun de vous peut-être, que le souverain arbitre des peuples et des rois me pardonne mes offenses. Enfants, plus imprudents encore pour vos biens, je n'en veux qu'à vos cœurs; et, puisque le repentir est sincère, le pardon doit être entier et sans réserve ; écoutez donc l'arrêt que prononce votre roi : J'impose silence à mon procureur général, et j'abolis tous les actes de cette procédure, sans qu'ils puissent jamais être reprochés, ni préjudicier aux communautés ni aux particuliers; je vous rends vos priviléges, les clefs de votre ville, vos armes. Servez-moi toujours comme vos pères ont servi mes prédécesseurs; et, loin de porter atteinte à vos libertés, je les étendrai. J'ordonne et j'entends que Jarnac vous commande avec douceur, et que vous lui obéissiez avec zèle, comme à mon lieutenant-général ; et, pour vous montrer à quel point je me fie à vous, je veux que toutes les troupes, sans en excepter ma maison, sortent de la ville avant la fin du jour, et que vous formiez vous-mêmes ma garde tant que je serai parmi vous. »

Il est plus facile d'imaginer que de peindre l'effet qu'une si heureuse surprise produisit sur l'âme des Rochellois :

à l'abattement, au silence morne et profond qui régnait dans l'assemblée, lorsque le roi commença son discours, succédèrent par degrés une lueur d'espérance, un frémissement, un doux murmure, des larmes, des cris involontaires que la joie arrachait, mais qu'étouffaient le respect et le désir d'entendre jusqu'au bout, et qui recommençaient encore. Enfin, donnant un libre essor aux mouvements qui les oppressaient, ils firent retentir la place publique d'acclamations redoublées ; puis, courant dans les rues comme des forcenés, et embrassant le premier qui se présentait, ils tâchaient de lui répéter une partie de ce qu'ils venaient d'entendre. Aux cris de joie se mêlèrent le son de toutes les cloches et le bruit du canon. Le peuple accourait en foule de tous les quartiers de la ville devant le logis du roi; il s'y attroupait, renouvelait ses acclamations, l'appelait son sauveur, son père, et désirait le voir encore. Pour lui procurer cette satisfaction, et jouir lui-même du plaisir de faire des heureux, François envoya demander à souper aux officiers municipaux dans la grande salle de l'hôtel-de-ville, où tout le monde pouvait entrer, et il voulut qu'eux-mêmes le servissent, ne gardant de tous ses officiers de bouche qu'un maître d'hôtel pour arranger les plats. Le lendemain, il quitta la ville et alla rejoindre les troupes qui s'étaient mises en marche la veille.

François Ier père des lettres.

L'université de Paris aurait été à la veille de perdre sa considération et sa prépondérance, si François Ier ne l'eût tirée de sa léthargie. Ce prince, qui n'avait reçu lui-même qu'une éducation fort superficielle, mais qui tenait de la nature un génie ardent et une insatiable curiosité, avait trouvé à la cour de Louis XII, son beau-père, des savants d'un mérite distingué, tels que le cardinal Jean de Bellay,

Guillaume Cop, premier médecin, et Guillaume Parvi, confesseur du roi. N'étant encore que dauphin, il avait recherché leur société ; devenu roi, il n'avait pas dédaigné de les admettre dans sa familiarité. Par leur entremise, il lia un commerce épistolaire avec Érasme, qui, sans fortune et sans état, tenait alors le sceptre de la littérature, dominait sur l'opinion publique et était recherché de tous les souverains. Ces hommes estimables s'attachèrent à persuader au jeune monarque que le plus grand service qu'il pût rendre était de faire fleurir les lettres, et qu'il n'y parviendrait qu'en perfectionnant l'éducation publique. On était persuadé que les anciens avaient dit tout ce qu'il était utile de savoir, et qu'ainsi l'éducation se réduisait à mettre ceux qui désiraient s'instruire à portée de lire avec fruit leurs ouvrages : l'étude des langues fut donc le principal objet qu'on se proposa. La langue hébraïque s'enseignait en Allemagne, et était infiniment utile pour l'intelligence des livres saints ; les écoles d'Italie cultivaient avec succès les lettres grecques et l'éloquence latine. François Ier, vers l'an 1536, fonda dans l'université de Paris trois chaires pour ces trois professions ; il en ajouta une quatrième pour les mathématiques, science alors infiniment trop négligée, quoique indispensable pour la perfection de presque tous les arts ; une cinquième pour la philosophie grecque et latine, et une sixième pour la médecine.

Depuis la chute de l'empire romain, les professeurs n'avaient eu pour subsister que les faibles rétributions qu'ils retiraient de leurs écoliers : François assigna deux cents écus d'or d'appointement à chacun des professeurs qu'il venait d'instituer, dont il se réserva la nomination. Cette magnificence dont on ne connaissait point d'exemples, l'attention qu'eut le monarque d'appeler de toutes les parties de l'Europe les savants les plus distingués pour remplir les nouvelles chaires, l'intimité dont il daigna quelquefois les honorer, firent retentir ses louanges du nord au midi ; on le combla de bénédictions, et on lui

. déféra d'une voix unanime le glorieux nom de *père* *ae*
' *restaurateur des lettres.*

Henri IV vainqueur à Arques.

1589.

La mort de Henri III avait placé de droit Henri IV sur
le trône de France; mais sa puissance n'avait de réalité
qu'au sein de sa petite armée : elle était même si peu
considérable, qu'il fut obligé de lever le siége de Paris, et
de se retirer en Normandie. Le duc de Montpensier, qui
en était gouverneur, le vint joindre avec deux cents gentilshommes et quinze cents fantassins. Rolet, gouverneur
du Pont-de-l'Arche, lui apporta les clefs de la place, ne
demandant pour récompense que l'honneur de le servir.
Emar de Chattes, commandeur de Malte, lui livra de
même la ville de Dieppe; après quoi le roi s'approcha de
Rouen, où il croyait avoir des intelligences.

Mais le duc de Mayenne vint avec toutes ses forces au
secours de cette cité, et passa la rivière à Vernon. Le roi,
bien étonné, se retira à Dieppe, et manda au duc de Longueville et à d'Aumont de lui ramener en diligence ce
qu'ils avaient de troupes. Mayenne cependant reprit toutes les petites places des environs, pour cerner de toutes
parts Henri IV. En effet, il le serra de si près, que s'il ne
se fût point amusé à aller à Bins, en Hainaut, conférer
avec le duc de Parme, il eût, dans ce désordre, dissipé la
plus grande partie de l'armée royale. Il avait fait déjà
courir le bruit dans toute la France, et écrit à tous les
princes de l'Europe, qu'il tenait le roi de Navarre (c'est
ainsi qu'il appelait Henri IV) acculé dans un petit coin,
d'où ce souverain ne pouvait sortir qu'en se rendant à lui,
ou en se jetant à la mer. Mais l'expérience prouva bientôt

que les forces de la Ligue n'étaient pas aussi redoutables
que nombreuses, et que, plus il y avait de chefs, moins les
efforts en étaient à craindre. Pour fermer le passage de la
vallée qui mène à Dieppe, le roi s'était logé au château
d'Arques, situé sur un coteau. Mayenne avait formé le
dessein de prendre ce port de mer. A quatre ou cinq reprises il essaya d'attaquer le faubourg de Polet, et par
quatre ou cinq fois il fut repoussé, le roi y faisant toujours des merveilles, et s'exposant si fort qu'une fois il
faillit être surpris et enveloppé par les ligueurs. Enfin
Mayenne, après avoir perdu là onze jours et mille ou
douze cents hommes, leva le siége et se retira en Picardie.

Activité de Henri IV.

Au nombre des grandes qualités qui distinguaient
Henri IV, nous ne devons pas omettre l'activité. Quoiqu'il
aimât assez la table, et qu'il se divertit volontiers avec ses
favoris lorsqu'il en avait le loisir, néanmoins, tandis qu'il
avait des affaires, il ne donnait qu'un quart d'heure à
chacun de ses repas, et dormait à peine deux ou trois
heures de suite; en sorte que le pape Sixte-Quint,
informé de la façon si différente dont vivaient et ce prince
et le duc de Mayenne, pronostiqua hardiment que « le
Béarnais ne pouvait manquer d'avoir le dessus, puisqu'il
n'était pas plus longtemps au lit que son adversaire n'en
passait à table, et qu'il usait plus de bottes que le chef de
la Ligue n'usait de souliers. »

Henri IV vainqueur à Ivry.

1590.

Le duc de Mayenne n'était nullement d'avis d'exposer sa fortune et son honneur au hasard d'une journée, quand il considérait combien les troupes du roi l'emportaient en valeur sur les siennes, et jusqu'à quel point ce prince savait réunir le courage à l'expérience. Mais tout amena le chef des Ligueurs au secours de Dreux. Quand il s'en fut approché, le faux avis qu'il eut que le roi se retirait vers la ville de Verneuil, et les bravades du comte d'Egmont, qui se vantait d'être capable, lui seul avec ses troupes, de défaire l'armée royale, engagèrent Mayenne à passer la rivière d'Eure, sur le pont d'Ivry.

A dire vrai, le roi et lui furent également étonnés; le roi, d'apprendre qu'il avait passé sitôt, le duc, de voir que le roi, qu'il croyait sur la route de Verneuil, marchait droit à lui. Mais, quand ils eussent voulu, ils ne s'en pouvaient plus dédire; il fallait en venir aux mains, et c'est ce qui arriva le 14 mars, près du bourg d'Ivry.

Ce fut là qu'on admira l'intelligence de Henri IV, son merveilleux génie, et son activité infatigable dans le métier de la guerre : on y admira comment il sut donner des ordres sans s'embarrasser et avec aussi peu de confusion que s'il eût été dans son cabinet; comment il rangea parfaitement ses troupes, et comment ayant reconnu le dessein des ennemis, il changea en un quart d'heure toute l'ordonnance de son armée; comment, dans le combat, il était partout, remarquant toutes choses, et y donnant ordre de même que s'il eût eu cent yeux et autant de bras; on aurait dit enfin que le bruit, l'embarras, la poussière et la fumée, loin de le troubler, augmentaient plutôt en lui le jugement et la connaissance.

Les armées étaient en présence ; Henri leva les yeux au ciel, appela Dieu à témoin de son intention et au secours de sa cause, le priant de reconnaître celui que l'ordre de la succession leur avait donné pour légitime souverain. « Mais, Seigneur, disait-il, s'il t'a plu d'en disposer autrement, ou si tu vois que je dois être du nombre de ces rois que tu donnes dans ta colère, ôte-moi la vie avec la couronne ; agrée que je sois aujourd'hui la victime de tes saintes volontés ; fais que ma mort délivre la France des calamités de la guerre, et que mon sang soit le dernier que fasse répandre cette querelle. »

Aussitôt il se fit donner son casque, sur lequel était un panache de trois plumes blanches, et, l'ayant pris, avant que de baisser la visière, il dit à son escadron : « Mes compagnons, si vous courez aujourd'hui ma fortune, je cours aussi la vôtre : je veux vaincre ou mourir avec vous. Gardez bien vos rangs, je vous prie : si la chaleur du combat vous les fait quitter, pensez aussitôt au ralliement, c'est le gain de la bataille. Vous le ferez entre ces trois arbres que vous voyez là-haut, à main droite (*c'étaient trois poiriers*) ; et, si vous perdez vos enseignes, cornettes et guidons, ne perdez point de vue mon panache blanc, vous le trouverez toujours au chemin de l'honneur et de la victoire. »

Le sort de la journée, longtemps incertain, lui fut enfin favorable. La principale gloire lui en était due, d'autant qu'il donna avec impétuosité dans le gros, commandé par le comte d'Egmont, et que, s'étant mêlé, l'épée à la main, dans cette forêt de lances, il les rendit inutiles, en contraignant l'ennemi à les remplacer par des armes plus courtes, genre de combat où les siens avaient beaucoup d'avantage, parce que les Français sont plus habiles et plus adroits que les Flamands. En moins d'un quart d'heure, il perça ce bataillon, le dispersa et le mit en déroute, ce qui décida le gain de la bataille.

De seize mille hommes qu'avait le duc de Mayenne, à peine s'en sauva-t-il quatre mille. Il demeura plus de mille chevaux sur la place, avec le comte d'Egmont, quatre cents prisonniers de marque, et toute l'infanterie ; car les lansquenets furent tous taillés en pièces. On enleva à l'ennemi tout son bagage, canons, enseignes et cornettes. Mayenne, craignant d'être enveloppé, se retira vers le pont d'Ivry, le passa, le fit rompre, et se sauva à Mantes, de là à Saint-Denis, puis à Paris.

Le roi s'étant mêlé, durant la déroute, dans un escadron de Wallons, courut si grand risque de sa personne, que son armée le crut mort pendant quelque temps. Le maréchal de Biron, accoutumé à parler librement, et qui n'avait point combattu, mais qui s'était tenu à l'écart avec un gros de réserve, pour interdire aux ennemis le moyen de se rallier, ne put s'empêcher de dire : « Ah ! sire, cela n'est pas juste : vous avez fait aujourd'hui ce que Biron devait faire, et il a fait ce que devait faire le roi. »

La manière dont ce grand monarque usa de la victoire, prouva évidemment qu'il la tenait de sa conduite plutôt que de sa fortune. Il aima mieux recevoir les bataillons suisses à composition que de les tailler en pièces, comme il le pouvait : il leur rendit leurs enseignes et les fit reconduire dans leur pays par des commissaires. Par là, il gagna l'affection des cinq petits cantons catholiques.

Il n'eut rien de plus à cœur que de faire connaître à ses sujets qu'il désirait épargner leur sang, et qu'ils avaient affaire à un roi clément et miséricordieux, non pas à un ennemi cruel et impitoyable. Il fit crier dans la déroute : « Sauvez les Français, et main-basse sur les étrangers. » Il sauva la vie à tous ceux qui demandaient quartier, et il en arracha tant qu'il put des mains des soldats acharnés au carnage, traita les prisonniers, particulièrement les gentilshommes, non-seulement avec humanité, mais encore avec courtoisie, et il combla d'honneurs, de louanges et de remerciments toute la noblesse qui avait combattu pour lui.

Nous ne passerons pas sous silence l'une des actions qui ont le plus puissamment contribué à lui concilier le cœur des officiers et des gentilshommes. Le colonel Thische ou Théodoric de Schomberg, commandant quelques compagnies de reîtres, avait été forcé, la veille de la bataille, par les criailleries de ces mercenaires, de demander au roi la solde qui lui était due, et de lui représenter qu'à moins d'être payés, ils ne voulaient point combattre. Irrité d'une telle demande, le roi répondit : « Comment, colonel Thische, est-ce le fait d'un homme d'honneur de demander de l'argent quand il lui faut prendre des ordres pour combattre? » Le colonel se retira tout confus, sans rien repartir. Le lendemain, lorsque le roi eut rangé ses troupes, il se souvint qu'il avait maltraité cet officier. Alors, animé d'un remords qui ne peut entrer que dans une âme généreuse, il alla le trouver, et lui dit : « Colonel, nous voici dans l'occasion ; il se peut faire que j'y demeurerai ; il n'est pas juste que j'emporte l'honneur d'un brave gentilhomme comme vous : je déclare donc que je vous reconnais pour homme de bien, et incapable de faire une lâcheté. » Cela dit, il l'embrassa cordialement ; et le colonel, les yeux humides de larmes : « Ah! sire, lui répondit-il, en me rendant l'honneur que vous m'aviez ôté, vous m'ôtez la vie ; car j'en serais indigne si je ne la mettais aujourd'hui pour votre service. Si j'en avais mille, je les voudrais toutes répandre à vos pieds. » Effectivement, il fut tué en cette occasion, comme plusieurs autres braves gentilshommes.

Nous rapporterons encore une autre anecdote qui prouve combien ce prince épargnait peu les civilités et les caresses envers ceux qui le servaient bien. Le soir, comme il soupait au château de Rosny, ayant été informé que le maréchal d'Aumont venait lui rendre compte de ce qu'il avait fait, il se leva pour aller au-devant de lui ; et, l'ayant étroitement embrassé, il l'invita et le fit asseoir à sa table, en lui disant : « Qu'il était bien raisonnable qu'il fût du festin, puisqu'il l'avait si bien servi à ses noces. »

Générosité de Henri IV à l'égard des Parisiens révoltés.

1590.

Henri IV assiégeait Paris. La disette augmentait de jour en jour dans cette malheureuse ville, et les habitants cherchèrent trop tard le moyen d'y remédier : n'en ayant pu trouver aucun, ils députèrent vers le roi pour lui demander la permission de laisser sortir un certain nombre de bouches inutiles. Le roi leur aurait aisément accordé cette faveur; mais ceux de son conseil s'y opposèrent si hautement, que, de crainte de les fâcher, il fut contraint de renvoyer ces misérables. Sa clémence néanmoins ne put pas souffrir longtemps cette violence. Quelques-uns des assiégés, redoutant moins la mort que la famine, sautèrent par-dessus les murailles, et apprirent au roi le déplorable état de la ville. Le cœur de Henri fut tellement serré de douleur, que les larmes lui en vinrent aux yeux, et s'étant un peu détourné pour cacher son émotion, il poussa un profond soupir en proférant ces paroles : « O Seigneur, tu vois qui en est la cause; mais donne-moi le moyen de sauver ceux que la malice de mes ennemis s'opiniâtre à faire périr. »

En vain les personnes les plus rigides de son conseil, et spécialement les huguenots, lui représentaient que ces rebelles ne méritaient pas de grâce, il résolut d'ouvrir le passage à tant d'infortunés. « Je ne m'étonne pas, dit-il, si les chefs de la Ligue et si les Espagnols ont si peu de compassion de ces pauvres gens-là ; ils n'en sont que les tyrans; mais pour moi qui suis leur père et leur roi, je ne puis pas entendre le récit de ces calamités sans en être touché jusqu'au fond de l'âme, et sans désirer ardemment d'y porter remède. Je ne puis pas empêcher que ceux que la fureur de la Ligue possède ne périssent avec elle ; mais

quant à ceux qui implorent ma clémence, que peuvent-ils
mais du crime des autres! je leur veux tendre les bras. »
Aussitôt il commanda qu'on laissât sortir ces malheureux.
Il y en eut plusieurs qui s'y traînèrent, quelques-uns s'y
firent porter. Il en sortit cette fois-là plus de quatre mille,
qui se mirent à crier de toute leur force : *Vive le roi!*

Dès lors, comme on sut qu'il ne s'en offensait pas, les
capitaines, quand ils étaient de garde, en laissaient toujours échapper quelques bandes, et ils envoyaient même
des rafraîchissements à leurs amis, à leurs anciens hôtes,
et particulièrement aux femmes.

Intrépidité de Henri IV.

1592.

La première fois que le duc de Parme s'avança au secours de Rouen, le roi alla au-devant de lui avec une
partie de son armée jusqu'à Aumale, tant pour l'empêcher
de passer le petit ruisseau qui s'y trouve, que pour reconnaître les ennemis. Avec quatre ou cinq cents carabiniers
seulement, il arrêta longtemps toute l'armée espagnole par
deux ou trois charges vigoureuses. Le duc savait ce poste
trop dangereux pour croire que le roi y fût avec si peu de
monde. Mais, lorsqu'il apprit que c'était effectivement à
lui qu'il avait à faire, il fit donner tous ses carabiniers,
soutenus par sa cavalerie légère. Le roi, voyant les siens
si pressés qu'ils ne pouvaient plus résister, chargea deux
fois avec intrépidité, pendant qu'on tirait hors du bourg
la plus grande partie du bagage. Mais tout le gros de la
cavalerie du duc survenant, le roi y perdit beaucoup de
monde, et lui-même courut grand risque d'être tué ou fait
prisonnier. Il n'y fut cependant blessé que d'un coup de
pistolet dans les reins, lequel lui eût donné la mort si la
balle eût eu plus de force; mais elle ne perça que les

habits et la chemise, et effleura seulement la peau. Sa valeur le fit sortir de ce mauvais pas, et mettre en sûreté sa personne et ses troupes.

Entrée de Henri IV à Paris.

1594.

Ce fut le 22 mars 1594 qu'eut lieu la réduction de Paris : le parlement, le prévôt des marchands et les échevins ayant disposé cette grande ville, y reçurent le roi, malgré les vains efforts de quelque reste de la faction des Seize. Le duc de Mayenne était allé en Picardie, et Brissac, à qui il avait confié le gouvernement de Paris depuis quelques mois, lui manqua de foi, croyant qu'il la devait plutôt à son légitime souverain.

Quatre ou cinq mille Espagnols, qui tenaient garnison dans la capitale, et dix ou douze mille factieux restant de la faction des Seize, qui tous haïssaient mortellement le roi, ne purent l'empêcher de s'emparer de Paris sans coup férir et sans répandre de sang. Ses troupes s'étaient saisies par intelligence des portes, des remparts et des places publiques ; il entra triomphant dans la ville, et alla droit à Notre-Dame entendre la messe et faire chanter le *Te Deum*. De là il revint au Louvre, où il trouva son dîner prêt, comme s'il y eût toujours demeuré. L'après-midi, il donna à la garnison espagnole un sauf-conduit et une bonne escorte. Cette garnison sortit le même jour sur les trois heures, avec vingt-cinq ou trente des plus obstinés ligueurs. Henri les voulut voir sortir, et les regarda passer d'une fenêtre au-dessus de la porte Saint-Denis. Les Espagnols le saluaient tous le chapeau bas, et avec une profonde inclination. Le roi rendit le salut à tous les chefs, mais en leur adressant ces paroles : « Recommandez-moi

bien à votre maître; allez-vous-en, à la bonne heure,
mais n'y revenez plus. »

Exploits de Henri IV à Fontaine-Française.

1595.

Le connétable de Castille, à la tête d'une nombreuse armée, descendit du Milanais en Bourgogne par la Franche-
Comté, et passa la Saône à Gray avec le duc de Mayenne.
Le roi, qui était allé dans ce pays, s'avança jusqu'à Fontaine-Française. Ce fut là qu'avec quinze cents hommes
seulement il tint tête à cette grande armée ; Villars-Oudan
et Sanson, deux des principaux chefs des ennemis, donnèrent impétueusement sur ses troupes ; Villars chargea
un gros commandé par le maréchal de Biron, et Sanson un
autre qui était à côté. Ils les enfoncèrent tous deux et les
poursuivirent jusqu'à la vue du roi. Villars, ayant su que,
ce prince était là, n'osa l'attaquer, et se retira sur la
gauche ; mais Sanson ne fut pas si heureux ; car le roi,
n'ayant avec lui que cent chevaux, mais véritablement
tous gens d'élite et de marque, et montés avec avantage,
donna l'épée à la main contre les troupes de Sanson, se
mêla parmi elles et les tailla en pièces. Le péril fut si
grand pour Henri dans cette rencontre, qu'il disait que
dans les autres occasions où il s'était trouvé, il avait combattu pour la victoire, mais qu'en celle-ci il avait combattu pour la vie.

Bonté de Henri IV à l'égard du duc de Mayenne.

1595.

Désespéré du mauvais succès de sa cause, et n'osant plus se flatter de trouver grâce devant Henri, dont il s'était montré l'ennemi le plus implacable, le duc de Mayenne s'était retiré à Sommerive en Savoie, d'où il voulait demander sûreté en Espagne, pour aller rendre compte de ses actions au roi Philippe II; mais la bonté du roi de France le détourna de ce précipice. Ce monarque envoya chercher Liguerac, confident de Mayenne, il l'entretint de la bonne volonté qu'il avait toujours eue pour ce duc; il lui témoigna qu'il était touché de sa situation, il assura qu'il était toujours disposé à le recevoir en grâce, et il lui permit de se retirer en toute sûreté à Chalon-sur-Saône, tandis qu'on achèverait de traiter son accord. Le duc accepta cette faveur; il demanda et obtint une trève générale pour les gens de son parti; et, quelque temps après, étant informé que le pape avait absous le roi, il se décida à traiter. Il était bien tard, et il ne pouvait s'attendre qu'à une extrême rigueur, si la générosité du roi n'eût été plus grande que son obstination. En effet, les termes de l'édit et les conditions qu'il obtint sont si honorables que jamais sujet n'en eut de plus avantageuses d'un roi de France.

Mayenne se rendit à Monceaux pour saluer le roi, qui, le voyant venir dans une allée où il se promenait, s'élança vers lui de quelques pas avec toute la gaîté et le bon accueil possible; il l'embrassa étroitement par trois fois; il l'assura qu'il l'estimait si fort homme d'honneur qu'il ne doutait pas de sa parole, et le traita avec autant de franchise que s'il eût toujours été attaché à son service. Lo duc, comblé de ses bontés, dit au sortir de là « que c'était alors seulement que le roi avait achevé de le vaincre. » Aussi se conduisit-il toujours en sujet fidèle ; comme le roi se montra fort bon prince et exact observateur de sa parole.

Belles paroles de Henri IV.

1596.

Henri, se trouvant à Monceaux, fut atteint d'une subite et violente maladie dont il pensa mourir. Toute la France en fut effrayée ; on le tint pour désespéré, et le bruit qui en courut faillit rallumer les factions. Mais il entra en convalescence au bout de dix ou douze jours. Au plus fort de la maladie, il disait à ses amis ces belles paroles : Je n'appréhende nullement la mort, je l'ai affrontée dans les plus grands périls ; mais j'avoue que j'ai regret de sortir de cette vie sans avoir pu remettre ce royaume dans la splendeur que je m'étais proposée, et sans avoir témoigné à mes peuples, en les gouvernant bien et les soulageant de tous les subsides, que je les aime comme s'ils étaient mes enfants. »

Entretien de Henri IV et d'un ambassadeur espagnol.

1608.

Henri IV avait conclu avec les Hollandais une ligue offensive et défensive. Les Espagnols s'en alarmèrent. Afin de s'en plaindre, don Pedro de Tolède, passant par la France pour aller aux Pays-Bas, se rendit à la cour de

Henri. Le roi croyait que ce seigneur lui apportait des menaces de guerre ; il savait en outre que les Espagnols faisaient courir le bruit qu'il était estropié et goutteux, et qu'il ne pouvait plus monter à cheval ; aussi voulut-il faire connaître à l'ambassadeur que sa vigueur n'était point diminuée : il le reçut dans la grande galerie de Fontainebleau, et il lui fit faire vingt ou trente tours à si grands pas, qu'il le mit hors d'haleine, puis il lui dit : « Vous voyez, monsieur, comme je me porte bien. » Don Pedro lui dit que le roi d'Espagne désirait s'allier plus étroitement avec lui, et de conclure des mariages avec leurs enfants, pourvu que Henri renonçât à protéger les Pays-Bas. Ce prince répondit franchement que ses enfants étaient d'assez bonne maison pour trouver un parti ; qu'il ne désirait point des amitiés contraintes et conditionnelles ; qu'il ne pouvait abandonner ses amis, et que ceux qui n'en voudraient pas être se repentiraient d'avoir été ses ennemis.

Là-dessus, don Pedro exalta la grandeur et la puissance de l'Espagne. Le roi, sans s'émouvoir, lui répliqua que c'était la statue de Nabuchodonosor, composée de diverses sortes de matières, et qui avait des pieds d'argile. Don Pedro en vint aux reproches et aux menaces. Henri répondit sur le même ton, et ajouta que « si le roi d'Espagne continuait ses attentats, il porterait le feu jusque dans l'Escurial ; et que, s'il montait une fois à cheval, on le verrait bientôt à Madrid. » L'Espagnol lui répondit avec arrogance :, « Le roi François y fut bien. — C'est pour cela, repartit le roi, que je veux aller venger son injure, celle de la France et les miennes. »

Ils vinrent à Paris, où le roi, lui montrant un jour sa galerie du Louvre, et lui en demandant son avis : « L'Escurial est tout autre chose, dit don Pedro. — Je le crois, repartit le roi ; mais y a-t-il un Paris au bout comme à mes galeries ? »

Zèle de Louis XIV pour les prérogatives de la couronne.

1660.

Les rois de France avaient toujours réclamé le droit de préséance sur tous les souverains de l'Europe, à l'exception de l'empereur d'Allemagne; mais, depuis le règne de Charles-Quint, l'Espagne n'avait négligé aucune occasion de se donner l'égalité.

Il arriva qu'à l'entrée d'un ambassadeur de Suède à Londres, le comte d'Estrade, ambassadeur de France, et le baron de Vatteville, ambassadeur d'Espagne, se disputèrent le pas. L'Espagnol, avec plus d'argent et une suite plus nombreuse, avait gagné la populace anglaise : il fait tuer les chevaux des carrosses français; et bientôt les gens du comte d'Estrade, blessés et dispersés, laissèrent les Espagnols marcher l'épée nue comme en triomphe.

Louis XIV, informé de cette insulte, rappela l'ambassadeur qu'il avait à Madrid, fit sortir de France celui d'Espagne, rompit les conférences qui se tenaient encore en Flandre au sujet des limites, et fit dire au roi Philippe IV. son beau-père, que, s'il ne reconnaissait pas la supériorité de la couronne de France, et ne réparait pas cet affront par une satisfaction solennelle, la guerre allait recommencer. Philippe IV ne voulut pas exposer son royaume à de nouvelles hostilités, pour la préséance d'un ambassadeur : il envoya donc le comte de Fuentes déclarer au roi, à Fontainebleau, en présence de tous les ministres étrangers qui étaient en France « que les ministres espagnols ne concourraient plus avec ceux de France. »

Conquête de la Franche-Comté par Louis XIV.

1668.

On était plongé dans les divertissements à Saint-Germain, lorsqu'au cœur de l'hiver, au mois de janvier 1668, on fut étonné de voir des troupes marcher de tous côtés, aller et revenir sur les chemins de la Champagne; des trains d'artillerie, des chariots de munitions s'arrêtaient sous divers prétextes, dans la route qui mène de la Champagne à la Bourgogne. Cette partie de la France était remplie de mouvements dont on ignorait la cause. Les étrangers par intérêt, et les courtisans par curiosité, s'épuisaient en conjectures : l'Allemagne était alarmée : l'objet de ces préparatifs et de ces marches irrégulières était inconnu de tout le monde. Le secret dans les conspirations n'a jamais mieux été gardé qu'il ne le fut dans cette entreprise de Louis XIV. Enfin, le 2 février il part de Saint-Germain avec le jeune duc d'Enghien, fils du grand Condé, et quelques courtisans; les autres officiers étaient au rendez-vous des troupes. Il va à cheval à grandes journées, et arrive à Dijon. Vingt mille hommes, assemblés de vingt routes différentes, se trouvent le même jour en Franche-Comté, à quelques lieues de Besançon, et le grand Condé paraît à leur tête, ayant pour son principal lieutenant-général Montmorenci-Bouteville, devenu depuis duc de Luxembourg.

Bientôt Besançon, la capitale de la province, est investie par le prince de Condé : Luxembourg court à Salins : le lendemain, Besançon et Salins se rendirent. Le roi alla assiéger Dôle en personne. Cette place était réputée forte : elle était commandée par le comte de Montrevel, homme d'un grand courage, fidèle par sa grandeur d'âme aux Espagnols qu'il haïssait, et au parlement qu'il méprisait.

Il n'avait pour garnison que quatre cents soldats et les citoyens, et il osa se défendre. La tranchée ne fut point poussée dans les formes. A peine l'eut-on ouverte, qu'une foule de volontaires qui suivait le roi courut attaquer la contrescarpe, et s'y logea. Le prince de Condé, à qui l'âge et l'expérience avaient donné un courage tranquille, les fit soutenir à propos et partagea leur péril pour les en tirer. Ce prince était partout avec son fils, et venait ensuite rendre compte de tout au roi, comme un officier qui aurait eu sa fortune à faire. Le roi, dans son quartier, montrait plutôt la dignité d'un monarque dans sa cour qu'une ardeur impétueuse qui n'était pas nécessaire. On ne lui voyait point, dans les travaux de la guerre, ce courage emporté de François Ier et de Henri IV, qui cherchaient toutes les espèces de dangers. Il se contentait de ne pas les craindre, et d'engager tout le monde à s'y précipiter pour lui avec ardeur. Il entra dans Dôle au bout de quatre jours de siége, douze jours après son départ de Saint-Germain; et, en moins de trois semaines, toute la Franche-Comté lui fut soumise.

Travaux et magnificence de Louis XIV.

Forcé, par le traité d'Aix-la-Chapelle, à rester quelque temps en paix, Louis XIV continua, comme il avait commencé, à régler, à fortifier et embellir son royaume. Il fit voir qu'un roi qui veut le bien, vient à bout de tout sans peine. Il n'avait qu'à commander, et les succès dans l'administration étaient aussi rapides que ses conquêtes. C'était une chose véritablement admirable de voir les ports de mer, auparavant déserts, ruinés, maintenant entourés d'ouvrages qui faisaient leur ornement et leur défense, couverts de navires et de matelots, et contenant déjà plus de soixante grands vaisseaux qui pouvaient armer en guerre. De nouvelles colonies, protégées par son pavillon, partaient de tous côtés pour l'Amérique, pour les Indes-Orientales, pour les côtes de l'Afrique. Cependant en France, et sous ses yeux, des édifices immenses occupaient des milliers d'hommes, avec tous les arts que l'architecture entraîne avec elle; et, dans l'intérieur de sa cour et de sa capitale, des arts plus nobles et plus ingénieux donnaient à la France des plaisirs et une gloire dont les siècles précédents n'avaient pas eu même l'idée. Les lettres florissaient; le bon goût et la raison pénétraient dans les écoles. C'est ainsi que ce grand roi ne se reposait de ses triomphes qu'en portant à leur plus haute période les sciences et les beaux-arts.

Conquêtes exécutées par Louis XIV en personne.

1677—1678.

Après la mort de Turenne et la retraite du grand Condé, le roi n'en continua pas la guerre avec moins d'avantage, contre l'Empire, l'Espagne et la Hollande. Il prit en personne Condé, Bouchain, Valenciennes, Cambrai.

Valenciennes fut prise d'assaut par un de ces événements singuliers qui caractérisent le courage impétueux de la nation.

Le roi faisait ce siége, ayant avec lui son frère et cinq maréchaux de France : d'Humières, Schomberg, La Feuillade, Luxembourg et de Lorges. Les maréchaux commandaient chacun leur jour, l'un après l'autre. Vauban dirigeait toutes les opérations.

On n'avait pris encore aucun des dehors de la place. Il fallait d'abord attaquer deux demi-lunes; derrière ces demi-lunes était un grand ouvrage à couronne, palissadé et fraisé, entouré d'un fossé coupé de plusieurs traverses.

Dans cet ouvrage à couronne était encore un autre ouvrage entouré d'un autre fossé. Il fallait, après s'être rendu maître de tous ces retranchements, franchir un bras de l'Escaut. Ce bras franchi, on trouvait encore un autre ouvrage qu'on nomme pâté. Derrière ce pâté coulait le grand cours de l'Escaut profond et rapide, qui sert de fossé à la muraille. Enfin la muraille était soutenue par de larges remparts. Tous ces ouvrages étaient couverts de canon. Une garnison de trois mille hommes préparait une longue résistance.

Le roi tint un conseil de guerre pour attaquer les ouvrages du dehors. C'était l'usage que ces attaques se fissent toujours pendant la nuit, afin de marcher aux ennemis sans être aperçus, et d'épargner le sang du soldat. Vauban proposa de faire l'attaque en plein jour. Tous les maréchaux de France se déclarèrent contre cette proposition; Louvois la condamna. Vauban tint ferme, avec la confiance d'un homme certain de ce qu'il avance. Le roi se rendit aux raisons de Vauban, malgré Louvois et cinq maréchaux de France.

A neuf heures du matin, les deux compagnies de mousquetaires, une centaine de grenadiers, un bataillon de gardes, un du régiment de Picardie, montent de tous côtés sur le grand ouvrage à couronne. L'ordre était simplement de s'y loger, et c'était beaucoup : mais quelques mousquetaires noirs pénètrent, par un petit sentier, jusqu'au retranchement intérieur qui était dans cette fortification, et ils s'en rendent d'abord les maîtres. Dans le même temps, les mousquetaires gris y abordent par un autre endroit. Les bataillons des gardes les suivent : on tue et l'on poursuit les assiégés; les mousquetaires baissent le pont-levis qui joint cet ouvrage aux autres; ils suivent l'ennemi de retranchement en retranchement sur le petit bras de l'Escaut et sur le grand. Les gardes s'avancent en foule. Les mousquetaires sont déjà dans la ville, avant que le roi sache que le premier ouvrage attaqué est emporté.

Ce n'était pas encore ce qu'il y eut de plus étrange dans

cette action. Il était vraisemblable que des jeunes mousquetaires, emportés par l'ardeur du succès, se jetteraient aveuglément sur les troupes et sur les bourgeois qui venaient à eux dans la rue, qu'ils y périraient ou que la ville allait être pillée; mais ces jeunes gens, conduits par un cornette nommé Moissac, se mirent en bataille derrière des charrettes, et, tandis que les troupes qui venaient se formaient sans précipitation, d'autres mousquetaires s'emparaient des maisons voisines, pour protéger par leur feu ceux qui étaient dans la rue. On donnait des ôtages de part et d'autre; le conseil de ville s'assemblait; on députait vers le roi; tout cela se faisait sans qu'il y eût rien de pillé, sans confusion, sans faire de fautes d'aucune espèce. Le roi fit la garnison prisonnière de guerre, et entra triomphant dans Valenciennes.

Il eut encore la gloire de prendre Gand en quatre jours, et Ypres en sept. Voilà ce qu'il fit par lui-même dans cette campagne.

Conquêtes de Louis XIV pendant la paix.

1680—1682.

L'ambition de Louis XIV ne fut pas retenue par la paix générale. Il en fit un temps de conquêtes. Il était même si sûr alors de son pouvoir, qu'il établit dans Metz et dans Brissac des juridictions pour réunir à sa couronne toutes les terres qui pouvaient avoir été autrefois de la dépendance de l'Alsace, ou des trois évêchés, mais qui, depuis un temps immémorial, avaient passé sous d'autres maîtres. Beaucoup de souverains de l'Empire, l'électeur palatin, le roi d'Espagne même, qui avait quelques bailliages dans ce pays, le roi de Suède, comme duc de Deux-Ponts, furent cités devant ces chambres, pour rendre hommage au roi de France, ou pour subir la confiscation de leurs biens.

Depuis Charlemagne on n'avait vu aucun prince agir ainsi en maître et en juge des souverains, et conquérir des pays par des arrêts.

L'électeur palatin et celui de Trèves furent dépouillés des seigneuries de Falkembourg, de Germersheim, de Veldentz, etc. Ils portèrent en vain leurs plaintes à l'Empire assemblé à Ratisbonne, qui se contenta de faire des protestations.

Ce n'était pas assez au roi d'avoir la préfecture de dix villes libres de l'Alsace, au même titre que l'avaient eue les empereurs. Déjà dans aucune de ces villes on n'osait plus parler de liberté. Restait Strasbourg, ville grande et riche, maîtresse du Rhin par le pont qu'elle avait sur ce fleuve : elle formait seule une puissante république, fameuse par son arsenal, qui renfermait 300 pièces d'artillerie.

Louvois avait formé dès longtemps le dessein de la donner à son maître. L'or, l'intrigue et la terreur qui lui avaient ouvert les portes de tant de villes, préparèrent l'entrée de Louvois dans Strasbourg : les magistrats furent gagnés. Le peuple fut consterné de voir à la fois vingt mille Français autour de ses remparts ; les forts qui les défendaient près du Rhin, insultés et pris dans un moment, Louvois aux portes, et les bourgmestres parlant de se rendre. Les pleurs et le désespoir des citoyens amoureux de la liberté, n'empêchèrent point qu'en un même jour le traité de reddition ne fût proposé par les magistrats, et que Louvois ne prît possession de la ville.

Le roi ne ménageait pas plus l'Espagne ; il demandait dans les Pays-Bas la ville d'Alost et tout son bailliage, que les ministres, disait-il, avaient oublié d'insérer dans les conditions de paix ; et sur les délais de l'Espagne, il fit bloquer la ville de Luxembourg. En même temps il achetait la forte ville de Casal d'un petit prince, duc de Mantoue. En voyant cette puissance qui s'étendait ainsi de tous côtés, et qui acquérait pendant la paix plus que dix rois prédécesseurs de Louis XIV n'avaient acquis par leurs guerres, les alarmes de l'Europe recommencèrent. L'Empire, la Hollande, la Suède même, mécontente du roi, firent un traité d'association. Les Anglais menacèrent; les Espagnols voulurent la guerre; le prince d'Orange remua tout pour la faire commencer; mais telle était la terreur dont Louis XIV avait glacé le plus grand courage, qu'aucune puissance n'osait alors porter les premiers coups.

Louis XIV père des lettres.

Ce qui donna dans l'Europe le plus d'éclat à Louis XIV, ce fut une libéralité qui n'avait point d'exemple. L'idée lui en vint d'un discours du duc de Saint-Aignan, qui lui conta que le cardinal de Richelieu avait envoyé des présents à quelques savants étrangers qui avaient fait son éloge. Le roi n'attendit pas qu'il fût loué; mais, sûr de mériter de l'être, il recommanda à ses ministres, Lionne et Colbert, de choisir un nombre de Français et d'étrangers distingués dans la littérature, auxquels il donnerait des marques de sa générosité. Lionne ayant écrit dans les pays étrangers, et s'étant fait instruire autant qu'on le peut dans cette matière si délicate, où il s'agit de donner des préférences aux contemporains, on fit d'abord une liste de soixante personnes; les unes eurent des présents, les autres des pensions selon leur rang, leurs besoins et leur mérite. Le bibliothécaire du Vatican, Atlazzi; le comte Gratiani, secrétaire d'Etat du duc de Modène; le célèbre Niviani, mathématicien du grand-duc de Florence; Vosslus, l'historiographe des Provinces-Unies; l'illustre mathématicien Huighens; un président hollandais en Suède; enfin, jusqu'à des professeurs d'Altorf et de Helmstadt, villes presque inconnues des Français, furent étonnés de recevoir des lettres par lesquelles Colbert leur mandait que, si le roi n'était pas leur souverain, il les priait d'agréer qu'il fût leur bienfaiteur. Les expressions de ces

lettres étaient mesurées sur la dignité des personnes ; et
toutes étaient accompagnées ou de gratifications considérables ou de pensions. Parmi les Français, on sut distin-
guer Racine, Quinault, Fléchier, depuis évêque de Nimes ;
ils eurent des présents. Les dons faits en pays étranger
furent si considérables, que Viviani fit bâtir à Florence
une maison des libéralités de Louis XIV. Il mit en lettres
d'or sur le frontispice, *œdes à Deo datæ;* allusion au sur-
nom de Dieudonné, dont la voix publique avait nommé
ce prince à sa naissance.

On se figure aisément l'effet qu'eut dans l'Europe cette
magnificence extraordinaire ; et, si l'on considère tout ce
que le roi fit bientôt après de mémorable, les esprits les
plus sévères et les plus difficiles doivent souffrir les éloges
immodérés qu'on lui prodigua. Les Français ne furent pas
les seuls qui le louèrent : on prononça douze panégyriques
de Louis XIV en diverses villes d'Italie ; hommage qui
n'était rendu ni par la crainte ni par l'espérance.

Il continua toujours à répandre ses bienfaits sur les
lettres et sur les arts. Des gratifications particulières d'environ quatre mille louis à Racine, la fortune de Despréaux,
celle de Quinault, surtout celle de Lulli, et de tous les
artistes qui lui consacrèrent leurs travaux, en sont des
preuves.

Quelques mémorables paroles de Louis XIV.

Le duc de La Rochefoucault avait beaucoup de dettes :
Que ne parlez-vous à vos amis? lui dit Louis XIV, et en
même temps il lui fit un don de cinquante mille écus.

Ayant donné, en 1668, la place de premier président du
parlement de Paris à M. de Lamoignon, il lui dit : « Si
j'avais connu un plus homme de bien et un plus digne
sujet, je l'aurais choisi. »

Lorsque le duc d'Anjou partit pour aller régner en Espa-

gne, il lui dit pour marquer l'union qui allait désormais
joindre les deux nations : « Il n'y a plus de Pyrénées. »

Un jour, madame la duchesse de Bourgogne, encore fort
jeune, voyant à souper un officier qui était très laid, plai-
santa beaucoup et très haut sur sa laideur. Je le trouve,
madame, dit le roi encore plus haut, un des plus beaux
hommes de mon royaume, car c'est un des plus braves. »

Un officier général, homme un peu brusque, et qui
n'avait pas adouci son caractère à la cour même de
Louis XIV, avait perdu un bras dans une action, et se
plaignit au roi, qui l'avait pourtant récompensé autant
qu'on peut le faire pour un bras cassé : Je voudrais avoir
perdu aussi l'autre, dit-il, et ne plus servir Votre Majesté. »
J'en serais bien fâché pour vous et pour moi, lui répondit le
roi ; et ce discours fut suivi d'une grâce qu'il lui accorda.

Modération de Louis XIV.

Louis XIV aimait les louanges, mais il ne les recevait
pas toujours quand elles étaient trop fortes. L'Académie,
qui lui rendait toujours compte des sujets qu'elle proposait
pour ses prix, lui fit voir celui-ci : *Quelle est de toutes les
vertus d'un roi celle qui mérite la préférence ?* Le roi rougit
et ne voulut pas qu'un tel sujet fût traité.

Si Corneille avait dit dans la chambre du cardinal de
Richelieu à quelqu'un des courtisans : « Dites à M. le
cardinal que je me connais mieux en vers que lui, » jamais
ce ministre ne lui eût pardonné. C'est pourtant ce que
Despréaux dit tout haut au roi dans une dispute qui s'éleva
sur quelques vers que le roi trouvait bons, et que
Despréaux condamnait. « Il a raison, dit le roi, il s'y con-
naît mieux que moi. »

Le duc de Vendôme avait auprès de lui Villiers, un de
ces hommes qui se font un mérite d'une liberté cynique.
Il le logeait à Versailles, dans son appartement. Cet homme

condamnait hautement tous les goûts de Louis XIV, en musique, en peinture, en architecture, en jardins. Le roi plantait-il un bosquet, meublait-il un appartement, construisait-il une fontaine, Villiers trouvait tout mal entendu, et s'exprimait en termes peu mesurés. « Il est étrange, disait le roi, que Villiers ait choisi ma maison pour venir s'y moquer de tout ce que je fais. » L'ayant rencontré un jour dans les jardins : « Eh bien! lui dit-il en lui montrant un de ses nouveaux ouvrages, cela n'a donc pas le bonheur de vous plaire? — Non, répondit Villiers. — Cependant, reprit le roi, il y a bien des gens qui n'en sont pas si mécontents. — Cela peut être, repartit Villiers; chacun a son avis. — Le roi, en riant, répondit : On ne peut pas plaire à tout le monde.

Grandeur d'âme de Louis XIV à ses derniers moments.

1715.

Personne n'ignore avec quelle grandeur d'âme Louis XIV vit approcher la mort, disant à madame de Maintenon : « J'avais cru qu'il était plus difficile de mourir; et à ses domestiques : Pourquoi pleurez-vous? M'avez-vous cru immortel? » donnant tranquillement ses ordres sur beaucoup de choses, et même sur sa pompe funèbre. Le courage d'esprit avec lequel Louis XIV vit sa fin fut dépouillé de cette ostentation répandue sur toute sa vie. Ce courage alla jusqu'à avouer ses fautes. Son successeur a toujours conservé écrites au chevet de son lit les paroles remarquables que ce monarque lui adressa. Les voici fidèlement copiées :

« Vous allez être bientôt roi d'un grand royaume. Ce
» que je vous recommande plus fortement est de n'oublier
» jamais les obligations que vous avez à Dieu. Souvenez-
» vous que vous lui devez tout ce que vous êtes. Tâchez

» de conserver la paix avec vos voisins. J'ai trop aimé la
» guerre; ne m'imitez pas en cela, non plus que dans les
» grandes dépenses que j'ai faites. Prenez conseil en toutes
» choses, et cherchez à connaître le meilleur pour le suivre
» toujours. Soulagez vos peuples le plus tôt que vous le
» pourrez, et faites ce que j'ai eu le malheur de ne pou-
» voir faire moi-même, etc. »

Encouragement donné aux beaux-arts par Louis XVI.

1776.

Jaloux d'encourager les beaux-arts, Louis XVI chargea
le comte d'Angivillier, directeur de ses bâtiments, de faire
exécuter chaque année un certain nombre de tableaux et
de statues par les peintres et les sculpteurs de son
académie. Afin d'assigner aux arts un but utile, il voulut
que plusieurs de ces tableaux représentassent des sujets
tirés de l'histoire de France, et qu'on exécutât en marbre,
tous les ans, les statues des Français les plus célèbres. Les
premières achevées furent celles du chancelier de
Lhôpital, de Descartes, de Sully et de Fénelon.

Bienfaisance de Louis XVI.

1781.

Vers la fin de 1781 naquit le premier dauphin; et le roi
célébra cet heureux événement en remettant aux pauvres
la capitation de l'armée. Comme le débordement des
fleuves et des rivières avait causé en divers endroits des
dégâts épouvantables, Louis XVI donna, pour réparer une
partie de ces malheurs, une somme de six millions, dont

trois furent destinés à relever les maisons, à faire de nouvelles plantations d'arbres, à reconstruire les ponts et les routes emportés, et les trois autres à racheter des bestiaux, des denrées et des instruments d'agriculture pour les laboureurs les moins imposés parmi ceux qui avaient le plus souffert.

Bonté de Louis XVI.

1789.

Les députés du tiers-état de la Bretagne, admis à l'audience du roi, et, s'étant, selon l'usage, mis à genoux devant lui, il se hâta de les relever en leur adressant ces paroles : « Levez-vous ; je suis votre père, et ce n'est pas à mes pieds que doit être la place de mes enfants. »

Courageuse démarche de Louis XVI.

1789.

Epouvanté des meurtres populaires dont les commencements de la révolution venaient d'ensanglanter Paris, Louis XVI se rendit à l'assemblée nationale, à pied, sans armes, et presque sans gardes. Au milieu de la salle, et debout, il conjura les représentants de ramener la tranquillité publique. « Je sais, ajouta-t-il, qu'on cherche à » élever contre moi d'injustes préventions ; je sais qu'on a » osé publier que vos personnes n'étaient pas en sûreté. » Des récits aussi coupables ne sont-ils pas démentis par » mon caractère connu ? Eh bien ! c'est moi qui me fie à » vous. » Ce courage, cet abandon, parvinrent pour le moment à imposer silence aux partis. L'enthousiasme du plus grand nombre des députés fut extrême; ils voulurent servir eux-mêmes de gardes au monarque pour le reconduire au château.

Fermeté de Louis XVI à ses derniers moments.

1793.

Louis XVI dans les chaînes entendit avec une admirable résignation l'arrêt de sa mort dont Garat vint lui donner lecture le 20 janvier, à deux heures. Mais c'était au sein des adieux déchirants de la famille royale éplorée qu'était réservée à son courage la plus douloureuse épreuve. Il la subit avec une sensibilité concentrée et un calme héroïque.

Le 21, à deux heures, Santerre entra dans la chambre de Louis. « Vous venez me chercher, dit le monarque; je vous suis. » Et il offrit son testament au municipal Jacques Roux pour le remettre à la reine. — « Cela ne me regarde pas, répond Roux, je ne suis chargé que de vous conduire à l'échafaud. » Louis XVI alors descendit d'un pas ferme les degrés de la tour, et tourna, en traversant les cours, ses derniers regards vers le côté de la prison où sa famille était enfermée.

Parvenu au pied de l'échafaud, l'un des exécuteurs ouvrit la porte de la voiture, où Louis resta encore quelques instants. Il est dépouillé de ses vêtements, les cheveux lui sont coupés. Comme on veut lui lier les mains, il oppose quelque résistance, mais son confesseur lui dit « Encore ce sacrifice. » Aussitôt il tend avec résignation ses mains aux bourreaux, et, après ce nouvel outrage : « Fils de saint Louis, montez au ciel, » lui dit l'abbé Edgeworth. Louis XVI monte courageusement sur l'échafaud, et s'avance rapidement du côté de l'estrade. Là, il jette ses regards sur ce rassemblement immense qui remplissait la place, et il s'écrie : « Français, je meurs innocent, je pardonne à mes ennemis, et souhaite que ma mort soit utile au peuple. La France... » A ces mots, un roulement de tambours couvrit sa voix. Il continuait cependant à parler au milieu de ce fracas, lorsque trois bourreaux l'entraînèrent avec violence, et l'attachèrent à la planche fatale : sa tête tomba à dix heures quinze minutes... Ainsi périt l'un des plus vertueux et peut-être le meilleur des rois qu'ait eu la France. Si la magnanimité avec laquelle il pardonna à ses assassins n'était attestée par le testament immortel qu'il légua à sa triste famille, on trouverait une preuve irrécusable de sa clémence dans la lettre suivante que, près de mourir, il écrivit à son frère (depuis Louis XVIII).

« J'obéis à la Providence et à la nécessité, en allant
» porter sur l'échafaud ma tête innocente. Ma mort impose
» à mon fils le fardeau de la royauté : soyez son père, et
» gouvernez l'État pour le lui rendre tranquille et floris-
» sant. Mon intention est que vous preniez le titre de
» régent du royaume ; mon frère, Charles-Philippe, pren-
» dra celui de lieutenant-général. Mais c'est moins par la
» force des armes que par des promesses avantageuses,
» une sage liberté et de bonnes lois, que vous rendrez à
» mon fils l'héritage usurpé par les factieux. N'oubliez
» jamais qu'il est teint de mon sang, et que ce sang vous
» crie *clémence et pardon :* votre frère vous en prie, votre
» roi vous l'ordonne. »

FIN.

TABLE.

Attila vaincu par Mérovée.	5
Clovis vainqueur à Tolbiac.	6
Exploits de Pépin.	7
Exploits de Charlemagne contre les Saxons et les Lombards.	9
Nouveaux exploits de Charlemagne en Italie.	11
Succès de Charlemagne contre les Sarrasins.	12
Charlemagne empereur.	14
Amour de Charlemagne pour la justice.	15
Charlemagne père des lettres.	*ibid.*
Clémence de Louis-le-Débonnaire.	17
Louis III vainqueur des Normands.	*ibid.*
Eudes vainqueur des Normands.	20
Clémence de Robert-le-Pieux.	21
Piété et charité de Robert-le-Pieux.	*ibid.*
Modération de Louis VI.	22
Présence d'esprit et courage de Louis VI.	*ibid.*
Respect des grands feudataires pour Louis VI.	23
Etablissement des communes par Louis VI.	24
Fermeté et générosité de Louis VII, dit le Jeune.	25
Intrépidité de Louis VII.	26
Nouvel exemple de justice et de générosité donné par Louis VII.	27
Utiles occupations de Philippe-Auguste.	28
Fierté et présence d'esprit de Philippe-Auguste.	29

Conquêtes de Philippe-Auguste.   30
Philippe-Auguste vainqueur à Bouvines.   32
Zèle religieux de saint Louis.   37
Intrépidité et victoires de saint Louis.   39
Générosité de saint Louis.   42
Arrivée de saint Louis en Égypte.   43
Belles réponses de saint Louis.   45
Héroïsme de saint Louis.   46
Magnanimité de saint Louis.   47
Danger et courage de saint Louis.   48
Bel exemple donné par saint Louis.   49
Résignation de saint Louis.   50
Générosité de saint Louis.   51
Saint Louis choisi pour arbitre entre le roi d'Angleterre et ses
    barons.   52
Victoire de Philippe-le-Bel sur les Flamands.   53
Bel acte de justice de Philippe V, dit le Long.   55
Succès de Philippe VI en Flandre.   *ibid.*
Parole sublime de Philippe VI.   58
Jean II, dit le Bon, arbitre entre les ducs de Lancastre et de
    Brunswick.   *ibid.*
Intrépidité du roi Jean II.   60
Fidélité de Jean II à sa parole.   61
Attachement des Français à Jean II.   *ibid.*
Héroïque loyauté de Jean II.   63
Du Guesclin récompensé par Charles V.   64
Beaux sentiments de Charles V.   65
Charles VI vainqueur à Rosbec.   66
Généreuse magnificence de Charles VI.   67
Belles qualités de Charles VI.   68
Exploits de Charles VII, dit le Victorieux.   *ibid.*
Importants services rendus au commerce par Louis XI.   70
Charles VIII vainqueur à Fornoue.   *ibid.*
Clémence de Louis XII.   73
Modération de Louis XII.   74
Louis XII vainqueur à Agnadel.   75
Entrevue de François Ier et de Henri VIII au camp du Drap-
    d'Or.   78
Générosité de François Ier.   80
François Ier dans les fers triomphe de Charles-Quint par sa
    fermeté.   *ibid.*

Résignation de François Ier et ses belles paroles à son fils. 82

Clémence de François Ier. 83

François Ier père des lettres. 87

Henri IV vainqueur à Arques. 89

Activité de Henri IV. 90

Henri IV vainqueur à Ivry 91

Générosité de Henri IV à l'égard des Parisiens révoltés. 95

Intrépidité de Henri IV. 96

Entrée de Henri IV à Paris. 97

Exploits de Henri IV à Fontaine-Française. 98

Bonté de Henri IV à l'égard du duc de Mayenne. 99

Belles paroles de Henri IV. 100

Entretien de Henri IV et d'un ambassadeur espagnol. *ibid.*

Zèle de Louis XIV pour les prérogatives de la couronne. 102

Conquête de la Franche-Comté par Louis XIV. 103

Travaux et magnificence de Louis XIV. 104

Conquêtes exécutées par Louis XIV en personne. 105

Conquêtes de Louis XIV pendant la paix. 107

Louis XIV père des lettres. 109

Quelques mémorables paroles de Louis XIV. 110

Modération de Louis XIV. 111

Grandeur d'âme de Louis XIV à ses derniers moments. 112

Encouragement donné aux beaux-arts par Louis XVI. 113

Bienfaisance de Louis XVI. *ibid.*

Bonté de Louis XVI. 114

Courageuse démarche de Louis XVI. *ibid.*

Fermeté de Louis XVI à ses derniers moments. 115

FIN DE LA TABLE.

LIMOGES ET ISLE.

Imprimeries de Eugène Ardant et C. Thibaut.